我的课外历史书

雾满拦江 著

②

江西人民出版社
Jiangxi People's Publishing House
全国百佳出版社

目　录

序章

给中学生一本好玩的历史书

01

前年的盛夏，天气闷热。我正在书房里查资料，读中学的女儿在门板拍了两下，表示她在敲门。问我："老爸，听说你对历史挺熟有木有？"

"不敢说熟……"我警惕起来，支吾道："可能比你稍微多了解一些吧？"

女儿："李自成你知道不？"

"李自成？"我急忙回答："知道知道，李自成起于明末，会三十六路反王于荥阳。那三十六反王个个都非常有趣，我这里有套《明通鉴》……"

那赶紧，女儿"刷"的一声，亮出一本练习册："李自成起义的意义是什么？"

我的话头被打断，一时间反应不过来："啥？"

女儿："李自成起义的意义！"

"意义……"我顿时狼狈不堪："意义这东西，太抽象太虚无了。至少李自成起兵时，就没考虑过意义不意义，他就是想混口饭吃。如果一定要说他起

事有什么意义，那至少……对了，至今我们还在讨论他，这就是他的人生价值与意义。"

"什么呀。"女儿脸上说不出的郁闷："你研究的是什么历史？跟答案都对不上。"

"乱讲！"我急了："历史是history，是前人的故事。这些故事的最大特点，就是历久弥新。如果历史有了标准答案，那还研究什么？"

"算了。"女儿扔过来一句："我回去背答案了，你自己玩吧。"

"你等等"，我叫住她："你喜欢历史吗？"

女儿反问我："一堆又一堆的意义，一堆又一堆的日期，你喜欢吗？"

我沉默。

02

那次事件之后，我想了很久，想到自己读中学时，同样也对历史没什么好感。正如我女儿所说的，一堆又一堆的意义，一堆又一堆的日期，想让人喜欢它，实在是太难了。

但实际上，在我后来接触到的史学中，却充满了活色生香的动感故事，无数妙趣横生的人物，穿行于历史的烟尘之中，带给我无尽的精神享受。而我认识的史学研究者们，同样在这个研究过程中，获得了极大的快乐。

历史，是此前人类留下来的足迹。

历史中的人物，在他们特定的时代，一如我们现代人，正常起居、坐卧、读书、谋生、交际甚至打架。在他们生前，从未有谁想到过：他们将会成为历史人物，所以要活出政治结构、经济发展、文化娱乐，要活出足够高的生命高度，以便让后来人学习、考试。

 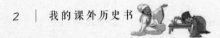

历史人物和我们一样，有喜怒哀乐，有悲欢离合，有浩然正气，也有许多糗事奇闻。实际上，他们不正经的时候，远比正经的时候更多。他们荒唐无稽的时候，远比严肃认真的时候更多。他们就是嘻嘻哈哈地活，从来没想过要把自己的快乐，变成沉重的负担，强加于后人头上。

但奇怪的是，当我们走进课堂，拿起历史课本时，看到的却是一个个严肃古板的面孔与充满了政治或经济解析的抽象人格。那些活生生的、有血有肉的先祖，不知被弄到哪儿去了。这就让我们的历史学习，变得枯燥乏味。

我们太急于从前人的平凡存在中，寻找出伟大的意义或概念。却忘记了，生命的意义与价值，就隐伏于历史人物的生平片断之中。为一个刻板的固化形象，我们不惜回避历史人物的生活点滴，在这个过程中我们已经失去了历史，也无力追问生命的意义。

03

需要一本好玩的、有趣的、真正记载那些熟悉人物的历史书。这本书不谈意义，不谈价值，只为你勾勒出此前的真实人物。你能够在这些精短的小故事中，认识人性的复杂。只有在这种情况下，有关生命意义或价值的思考，才有可能在你的大脑之中悄然成形。

读书原本是件有趣的事儿，学习更不应当让人生出无力承受的沉重之感。而此前那些留存于史的人物，莫不是勘透了这个规律，让自己活得开心、快乐，因而他们的经历才具有了传世价值。这就是我广搜资料，撰写此书的目的。我希望让历史回归它的本来面目，让学习更具趣味。只有在这种情况下，你才会在不知不觉之中，浸染了学问的清芬，体会到手不释卷的快乐。

史上留名的人物，也大多是这样。他们卸下严肃古板的负担，从快乐的阅

读中汲取到智慧，丰富了他们的生命，成就了我们的历史。

他们能做到，我们应该也能。

04

这本书，是为我读中学的女儿所写。我希望她读书时，不要再那么累，不要那么不开心。

这本书，同样也写给我女儿的同龄人，那些穿着校服、对未来充满了期许与憧憬的中学生们，你们应该变得更快乐，应该读到你们喜欢的历史。

读书原本是有趣的事儿，历史更是书本中最好玩的。我希望女儿的书包里，多几本这样的书，纯正的历史，鲜活的人物，生动的故事。没有强制记忆，没有单调重复，只有潜移默化的熏陶与吸引。

让学习回归快乐，让历史回归此前的鲜活。就从现在开始，让我的女儿和她的同龄人，读一本有趣的历史书，并最终让她们的人生，变得高雅而趣味盎然。

是为序。

雾满拦江2015年初于北京

 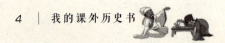

第一章

辉煌大隋唐

第一章

隋 （581~618年）

581年，杨坚废北周皇帝自立，建立隋朝，是为隋文帝。

589年，隋灭陈，统一中国。

604年，隋炀帝继位。

605年，隋炀帝开凿大运河。

611年，隋末农民起义大爆发。

612~614年，隋炀帝三征高丽。

617年，唐高祖李渊太原起兵。

618年，江都兵变，隋炀帝被杀。

唐 （618~907年）

618年，李渊称帝，建立唐朝，是为唐高祖。

626年，"玄武门之变"，唐太宗李世民继位，"贞观之治"开始。

629~645年，玄奘法师西行取经。

641年，唐朝与吐蕃和亲，文成公主嫁给松赞干布。

690年，武则天称帝，国号"周"，史称"武周"。

691年、697年，狄仁杰两度担任宰相。

705年，宰相张柬之等人发动政变，迎中宗李显复位。

712年，唐玄宗继位，"开元盛世"开始。

744年，"诗仙"李白和"诗圣"杜甫在洛阳相识。

755年，安禄山、史思明起兵叛乱，史称"安史之乱"。

763年，"安史之乱"平息。

784年，唐朝著名书法家颜真卿遇害。

835年，唐文宗"甘露之变"失败。

874~884年，王仙芝、黄巢发动起义。

881年，黄巢在长安建立"大齐"政权。

907年，唐朝灭亡。

第一节
大隋之乱

01 朕想要个舒坦

隋文帝杨坚，算是中国历史上有为的君主。但说到底，皇帝也是普通人，也有着普通人的缺点和毛病。但隋文帝渴望留名于史，就难免做伪弄假。

曾有一次，隋文帝命令杨素督造宫室。杨素非常凶残，不顾民夫死活，只顾抢工期，许多民夫活活累死。杨素干脆把尸体就地掩埋，宫室就建造在累累尸骸之上。

隋文帝听说了这事，悲愤地说："杨素，他真是太不像话了。怎么可以如此虐待苍生百姓，嗯？怎么可以这样？等朕回了宫，一定要狠狠地严惩杨素，嗯，一定要严惩！"

杨素得知隋文帝的反应，吓得半死。却有大臣上前道："恭喜恭喜，你要升官了。"

杨素说："我害人无数，陛下肯定不会饶过我，岂有升官的道理？"

大臣失笑道："老杨呀，你活干得明白，就是个脑子不灵光。皇帝这东西，古往今来就是个残民以逞……嗯，说漏嘴了，这个不能说，不能说呀。"

果然，没多久隋文帝回宫，立即召见杨素，给予重重的赏赐。并对杨素说："小杨啊，你很懂事，知道朕的心思。皇帝这东西，关键是留个好名声，可朕也想过舒服日子呀。百姓不遭罪受苦，哪有朕的舒服日子过？"

02 杨广善于伪装

隋炀帝杨广，外貌出众，姿仪俊美，聪慧敏捷，举止端庄，城府深沉，颇有王者之风。

当时，隋文帝立了长子杨勇为太子，但杨广志在夺嫡，经常故意表演一些现场秀，博取名声。有一次，他去观赏打猎，突然下起了倾盆大雨，侍从急忙替他披上雨具。杨广却将雨披脱下，大呼曰："不要管我，士兵们都在淋雨，我杨广怎么可以独自披上雨披？"

这件事传遍朝野，人们普遍认为他是最佳明君的候选人。隋文帝听到朝臣议论，就来杨广府中视察。他发现，杨广这里的乐器弦，许多都是断掉的，上面积满了灰尘。隋文帝最讨厌音乐，见之大喜，认为杨广是个不事奢华的人。

但实际上，杨广是非常喜爱音乐的。但他知道父皇不喜欢，所以，他一边偷偷欣赏美妙的音乐，一边摆置了一个专供父皇视察的布满灰尘的现场，赢得了父亲的好感。

03 残酷夺嫡战

隋炀帝的天下，等于是哥哥杨勇拱手相送的。

杨勇，本已立为太子。有一天，恰好是个节日，百官都到太子府朝贺。

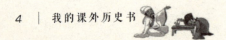

杨广派人迅速将此事告之隋文帝，文帝大怒，认为杨勇有篡位之心，就废了杨勇的太子之位。

太子位被废，杨勇很惊恐，他就听了一个术士之言，每天穿得破破烂烂，睡在荆棘丛中，据说这样能唤回父皇对他的爱。可隋文帝听说了这怪事，吃惊得眼珠差点没掉下来。他认为杨勇这么做，一定是在施展可怕的黑魔法，想要害自己，对杨勇的憎恶已经无可挽回。

杨勇急了，就爬到树上，向着父皇居住的方向，拼了命地大喊："父皇，父皇，儿子是没有篡位之心的，儿子对父皇，一片赤诚忠心，唯天可表呀……"

事情弄到这份上，要说杨勇的神经还正常，恐怕连他自己都不相信了。

于是皇帝之位，顺理成章地落到最善于伪装的隋炀帝杨广之手。

04　皇帝是个自大狂

隋炀帝杨广，是个极端自大的皇帝。

他曾三次远征高丽，第一次就出动了1133800人的正规军，再加上运粮上前线的民夫，总兵力超过两百万人。高丽听说来了这么多人打自己，差点没吓死。

可等到三军出发时，隋炀帝训话道："咱们这支军队，是个集体，要统一行动，统一指挥，任何人不可以逞个人英雄主义。如果没有朕的谕旨，谁也不得擅自对敌军展开军事行动。违令者，杀无赦。"

听起来这番话，好像没什么错误。可等到了战场，大家才发现有点不对劲——前面有高丽小股游击队出没，人数不多，隋军如果冲上去，一人砍一刀，就把高丽国给灭了。可是没有隋炀帝圣旨，擅自出击可是死罪，于是大

家只好站原地看着。

高丽国的游击队，也提心吊胆地看着隋军，看了半晌，发现隋军没动静，就壮着胆冲上来，照隋军砍两刀试试。

挨刀了，隋军也不敢还手，还手就是擅自行动，就是逞个人英雄主义，隋炀帝分分钟杀了你。所以，大家在高丽小股部队的攻击面前，只能是抱着头到处乱躲。砍得实在受不了，就撒腿往回逃，反正不能还手回击，还手隋炀帝不饶你。

结果，隋炀帝三征高丽，三次都是数量超过百万的大军，被高丽小股武装砍得抱头狂逃，没一个人敢还手。就这样三征高丽，三次惨败。将领们实在吃不消，只好找隋炀帝商量："陛下，末将斗胆建议，嗯，陛下看能不能，嗯，允许我们的部队放手攻击敌人呢？陛下，兵贵神速，咱们隋军的实力远在高丽之上，只是遭遇敌军，必须要等陛下圣旨才可以还击。可是等陛下的圣旨到了，咱们的部队……都被人家砍光了……"

"放屁！"当时隋炀帝手里拿着剑，斜睨着将领们的脖子，寻找着下刀的最佳部位，"连朕都摆不平的战事，你们这些无知无识的蠢货，又懂得个什么？"

将领们不敢吭声，虽然人人都知道，在这里唯一不懂军事的，就是隋炀帝。可这话要是说出来，会死得很惨。没人敢说话，于是大家只能一起死。

大隋帝国，就是这样毁于隋炀帝的自大与狂妄。

05 破镜重圆

南陈乐昌公主，才貌双全，嫁给了太子舍人徐德言。有一天徐德言对她说："爱妻呀，咱们这个陈国，好像快要完蛋了。如果发生这样的事，你

 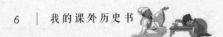

肯定会被有势力的人霸占。我不想和你分开，就让我把这面铜镜掰开，你我夫妻二人，各藏一半。等到正月十五那天，将镜片在街上出售。如果我看到了，一定会来找你。"

果然没多久，隋军渡江，南陈灭亡。乐昌公主被掳走，落入越国公杨素的府中。而徐德言侥幸逃生，到了正月十五，他就去街上寻找卖半片镜子的人。他遇到一个老头，拿着乐昌公主的半片铜镜在卖，终于知道了妻子的下落。

于是徐德言在乐昌公主的镜片上题写文字，让老头带回去。乐昌公主见了，思念丈夫，抑郁成疾。杨素询问事由，听说了此事，很是感叹，于是把徐德言叫来，承诺把乐昌公主送回。就这样，夫妻二人终于破镜重圆了。此后徐德言与乐昌公主一起隐居江南，白头到老。

06 两个弟子

徐文远是隋末有名的学者，他的门下有两名弟子：一个是李密，日后称雄瓦岗；另一个是王世充，也是世所罕见的枭雄。

后来世道大乱，徐文远就去了瓦岗，寻找弟子李密。他在李密面前，呼喝叱令，很会摆老师的威风。但不久李密失败了，徐文远无奈，就去了二弟子王世充处。

在王世充这里，徐文远小心翼翼，毕恭毕敬，丝毫也不敢端老师的架子。有人感觉奇怪，就问他："李密和王世充都是你的弟子，你为何在李密那里大模大样，到了王世充这里却诚惶诚恐呢？"

徐文远回答说："李密是个君子，知道尊师重道。我在他面前摆架子，他是买账的。而王世充却是个地地道道的小人，你小心翼翼，还逃不过被他算计，再敢摆架子，只会死得极惨。"

07 诡诈王世充

隋朝年间，炀帝杨广政治昏乱，民不聊生，一些人被迫聚而为盗。

于是，隋炀帝就派王世充去平乱灭盗。

王世充率军抵达后，群盗立即一哄而散，躲入山中，再也找不到了。于是王世充心生一计，就在佛前烧香，顶礼膜拜，说："我已经向佛承诺了，只要是出来自首的乱民，一个也不杀，请大家放心，踊跃自首好了。"

躲入山中的百姓，听说后就信以为真，蜂拥出山来自首，一次就出来三万多人。

王世充命士兵把这三万人团团围起，说："我在佛祖面前许愿，如果我要杀了你们，就赔佛祖一头牛。现在牛已经杀了献给佛祖，轮到你们死了。"

这三万轻信了王世充的百姓，悉数被坑杀。

到了隋朝末年，瓦岗英雄李密与王世充交战。王世充心眼多，他事先在军中找了个和李密模样相似的人，把他藏起来。等到两军混战时，他突然派人把这个貌似李密的人押出来，并大声宣布："抓到李密了，战争可以结束了。"

王世充的士兵高喊万岁，士气大振，而李密这边则是心慌意乱，溃不成军。

08 反应机敏

隋朝时，越国公杨素没事就喜欢叫来一个很机智的人，给对方出难题。

有一次，杨素问聪明人："有个大深坑，深一丈，假如你掉进这个大坑里，用什么方法才能上来？"

聪明人问："有梯子没有？"

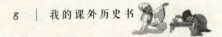

杨素回答说："没有梯子。"

聪明人问："是白天掉进去的，还是晚上掉进去的？"

杨素不耐烦了："你管什么时候掉下去的呢，我问你怎么爬上来。"

聪明人回答："假如是大白天，眼睛又不瞎，好端端的人怎么会掉进大坑里？"

杨素哈哈大笑起来。

还有一年冬天，杨素突然问这个聪明人："假如你家里有个人被毒蛇咬伤了脚，你如何治疗他？"

聪明人回答："这好办，只要拿来夏天的雪，就能够治好他。"

杨素说："胡说，夏天炎热，怎么会下雪？"

聪明人反问："既然夏天不会下雪，现在正值寒冬腊月，怎么会有咬人的蛇呢？"

杨素忍不住笑起来，说："反应机敏的人，是无法难倒他的。"

第二节
贞观之治

01 唐太宗用人秘法

唐太宗李世民在位时，非常重视职官选拔。

他曾对名臣魏征说："为官选拔人才，是最紧要最紧要的事情。俗话说得好，物以类聚，人以群分。你选任一个君子，就会有一群君子到来。你选任一个小人，就会有一群小人到来。所以，如果朝廷中小人横行，必是皇帝用人出了问题。魏征，请你告诉朕，朕应该如何把握用人的标准呢？"

魏征回答："陛下，这事容易。非常时期，战乱时代，选择官员重才干而不重德行。但等到战乱平定，天下升平，这时候任用官员，就必须要德才兼备。"唐太宗说："对，是这么个道理。"

02 唐太宗讲书法

唐太宗李世民，开创了贞观之治的伟大时代，是历史上罕有的智慧君主。

他同时还是一位风雅皇帝，酷爱书法，练习了很久，终于在贞观十四年书法大成。于是他用草书写了扇屏风，拿出来给大臣们看。他的字遒劲有力，气势雄浑，当时就把大臣们惊呆了，问："陛下啊，你真的好厉害，这么厉害的字，你是怎么写出来的呢？"

唐太宗说："这个马屁，朕收下了。因为朕清楚，你们这一次奉承，是发自内心的。朕是真的喜欢这种发自肺腑的称赞，所以朕也就不保留了，把如何写好书法的技巧，跟你们大家分享一下。"

唐太宗说："书法是小学问、小技巧，但初学者最忌急于求成，必须要有足够的耐心，每天书写不辍。坚持书写者，胜过三天打鱼两天晒网者。世上的各行各业，没有你用心去学，却毫无收获的；也没有你不用心，就能够超过别人的。这是第一条，说的是要有耐性，要持久。"

"第二，朕写字，也和你们大家一样，是从临摹古人的书法开始，但朕并不特意去效仿每个字的字形结构，而是将功夫用在摸透它的笔力风骨之上。笔力风骨吃透了，形体结构自然而然就把握了。这第二条，说的是学习别人，要追求神似，追求内在的精神，而不可追求外在的形式。"

群臣听了，点头说："陛下厉害，太厉害了。"

03 这个马屁有味道

唐太宗的书法写得好，就经常召集有同样爱好的大臣，在玄武门外举办笔会。每次笔会时，唐太宗都会即兴挥笔。写得兴起，群臣就你争我夺，冲上前来夺走太宗手中的笔，也要写几个字秀一秀。

有一次，唐太宗在写字，大家冲上来抢笔。散骑常侍刘洎，被挤到了人群外边。当时刘洎就急了，他不顾一切，一脚踏着唐太宗休息的龙床，居高临下，一把夺过唐太宗手中的笔，唰唰写了起来。

唐太宗呆了一呆，回头看了看龙床，悻悻道："刘泊你好大胆，竟然登上龙床，来抢朕的笔。嗯，本朝有了你这样的人物，胜过臣民史官对朕拍一万个马屁，因为这证明了朕真的很厚道啊。"

04 唐僧归来

贞观三年，唐僧，即玄奘法师，向朝廷提出申请，要求去西方天竺取经。

唐太宗李世民接报，大怒，当即驳回："西方天竺，那破地方能有什么真经？本土的经就不好吗？你个和尚能把本地经念好就不错了，去什么天竺呢？天竺的洋经，就不适合大唐帝国的特殊国情！"

不许去！

不许去？不许公开去，那就偷越国境逃跑。

于是在一个伸手不见五指的黑夜里，玄奘化妆成打酱油的路人，偷渡玉门关，踏上了艰难的取经之路。

玄奘在路上走了三年，无数次缺粮少水，遭遇强盗，但他成功地抵达了天竺。此后他游学天竺一十八年，佛法大成，天竺诸国王在曲女城专门为他举办了盛大的佛事。玄奘登台，舌战天竺佛门高手，大获全胜。

然后，他又在天竺戒日国王重兵护送之下，隆重回国。

闻知玄奘取经归来，唐太宗李世民亲自相迎，民间百姓更是为之沸腾，争相出城迎接。

唐太宗接见玄奘，说："大师，你不畏艰险，西天取经，真是太感人了。那啥，朕的意思是说，你以后就不要再当和尚了，朕宫里还有好多公主嫁不出去，你就还俗做官吧。还俗，娶个公主什么的，多好。"

玄奘道："阿弥陀佛，贫僧立志献身佛门事业，不做官。"

唐太宗说："大师，你再考虑考虑，机会难得呀！"

史载，唐太宗两次苦劝玄奘还俗当官，都被他拒绝。最终，玄奘带弟子们译经于长安大慈恩寺，创建了佛家八大门派之一的法相宗，从此成了中华传统文化中重要的文化支柱。

05 李世民发飙

晋阳县令刘文静评价唐太宗李世民，称："此是非常之人，大度类于汉高祖，神武同于魏武帝。年虽少，却是天纵。"

刘文静的意思是说，李世民这个人，心胸气度，跟汉高祖刘邦差不多。作战勇猛，不在魏武帝曹操之下。总之，李世民的本事不是一般的大，这本事不是后天磨炼出来的，是天生的。

这个评价，可以说是较为公正的——但说到底，李世民再英明神武，也仍然属于正常人类。正常人类该有的毛病，他一样也不少。

李世民也爱名，渴望成为流芳千古的明君。以他的本事和作为，是够得上明君资格的。但李世民还不够自信，老是担心知名度不够。

帝制时代，有个不成文的潜规则，大臣上奏之后，奏章的底稿必须要销毁。销毁了底稿，也就没有了证据，无法证明国策出于臣子之手。一旦大臣有了好建议，就全都算在皇帝头上。这样做的目的，是为了营造帝王英明神武的形象。

李世民时代，这条规则也仍然生效。但以敢于直谏而闻名的大臣魏征，每次上奏后，都偷偷地留下了奏折底稿。这样，等到后人写史时，有这些底稿作为证据，就证明了魏征也是个难得的智慧型大臣。

魏征死后，李世民发现了魏征偷留奏折底稿的事儿，气得七窍生烟，当场砸毁了魏征的墓碑。

这个小气的表现，大概是唐太祖李世民为数不多的缺点了。

06 唐太宗计盗《兰亭序》

唐太宗喜欢书法，痴迷到了茶不思、饭不想的程度。

他的字写得极好，但距离书法大家，水平还差不少，对此他有着非常清醒的认识。所以他最渴望最渴望的，是得到东晋书法大家王羲之的《兰亭序》。

《兰亭序》是王羲之酒醉之后的巅峰之作，王羲之酒醒之后，再也写不出来如此壮丽的书法。也就是说，《兰亭序》是超越了人力的神来之笔，就连王羲之自己，也无法再达到这样的艺术高度了。

唐太宗派了许多人去寻找《兰亭序》的下落，终于被他打听到，这幅伟大的作品经历了无数战乱之后，落到了江南越州的高僧辩才手中。他听说辩才视这幅字比自己的性命还重要，生平不肯见示于人。

于是唐太宗派去使者，劝说辩才："和尚呀，当今天子圣明贤德，唯一的心愿，就是想得到你收藏的《兰亭序》。如果你愿意割爱，什么条件你随便开。"

辩才和尚回答："要我的性命，很容易。但想要我的《兰亭序》，想也别想。别说他是皇帝，就算是天帝来了，也别想让我放弃《兰亭序》。"

使者无功而返。唐太宗听说辩才和尚不肯出让，顿时就病倒了。谋臣房玄龄来探问，对唐太宗说："陛下呀，按说咱们治理天下，应该讲究个诚信，不要以强欺弱，以官欺民。可是陛下你如果得不到《兰亭序》，就病成这个样子，这样可不行呀。要不然，我派萧翼去解决这个问题？"

唐太宗大喜，说："让萧翼小心点，别让人当场逮到。如果他失了手，朕可要宣布此事与朕无关。"

于是，朝中最有才华、脑子最灵光、读书最多的大臣萧翼，领命去执行特殊任务。他化装成一个书生，住到了辩才和尚附近，假装与辩才和尚偶遇。辩才和尚先是被萧翼的非凡仪表所打动，与之交谈，发现萧翼的才学远在自己之上。辩才顿时有茫茫人海幸遇知音的感觉，就极力想和萧翼成为好朋友。

虽然辩才和尚渴望与萧翼结交，但萧翼却是若即若离，对辩才和尚不冷也不热，让辩才和尚感觉自己的人生好失败。

为了交上这个好朋友，辩才和尚就拿出自己收藏的文物宝贝，让萧翼看。可是萧翼看了，随口就说出这些宝贝的来历与价值，不屑之意，溢于言表。

辩才和尚无奈，终于有一天，他神秘兮兮地来找萧翼，说这次一定要让萧翼见识到他真正的宝贝。

萧翼便跟辩才和尚去了。进了房间，就见辩才先关紧门窗，然后爬到房梁上，从房梁的一个洞里，掏出一个包裹，打开包裹，就见到了传说中的无价之宝——《兰亭序》。

就连见多识广的萧翼，也被这幅伟大的书法作品打动了。他真心地称赞了一番，就告辞了。此后，这个人就在当地消失了，辩才和尚再也找不到他了。

发现萧翼失踪，辩才和尚感觉事情不对，急忙返回，爬上房梁一看，顿时眼前一片漆黑。

屋顶房梁的洞里，已经是空空如也。他视之如性命的宝贝，不翼而飞了。

当时辩才和尚就知道了，萧翼是唐太宗李世民派来的雅盗，专为盗他的《兰亭序》而来。悲愤的辩才和尚仰天大叫："苍天呀，大地呀，唐太宗李

世民，你好不要脸啊。你杀了我也行呀，怎么可以这样无耻，盗走我的《兰亭序》呀。"因为过于悲愤，辩才和尚抑郁而死。

而唐太宗李世民，自从盗来《兰亭序》，便视之珍宝，爱不释手。他在临死前留下遗言："等朕死了，一定要把《兰亭序》放在朕的棺材里，随朕下葬。朕太喜欢这宝贝了，死也舍不得放手。"

07 武学高手

唐朝时，谯国公柴绍的弟弟，是个武学高手。他身体轻巧，疾走如飞。唐太宗想试试他的本事，就让他去盗长孙无忌的马鞍，事先还把这件事告诉了长孙无忌，让他提防。

但到了约定地时间，长孙无忌眼睁睁地看到一个东西，如飞鸟般突然掠至。他的眼睛一花，再眨巴眨巴眼睛，发现马鞍已经不见了。

唐太宗又让他去盗丹阳公主的枕头。于是他在公主熟睡之时，飞入内室，拿灰尘洒向公主的眼睛，公主一抬头，他已经抽走枕头，换上了一个自己带来的假枕。公主揉揉眼睛，躺下继续睡，根本不知道枕头已经被盗走。

见此人身手，唐太宗说："这个人不能留在京城。"于是，唐太宗打发他去外地做官。当时的人都知道他身手不凡，还给他起了个绰号，叫壁龙，意思是说他可以像壁虎一样，贴在墙壁上急速游走。

第三节
武周革命

01 武则天乱改字

武则天要做女皇，又恐天下人不服，就大造声势，声称自己身负天命。

有个叫寻如意的幽州人，窥探到武则天的这种心理，就投其所好，上书邀功。他在书信上说："国家的国，是一个口字，里面有个或字（国的繁体写法为'國'），而或字有动乱之像，所以历朝历代动乱不止。如果把国字改一下，改成一个口字，里边框着武字，必然是天下太平。"

武则天大喜，就接受了这个建议，命令以后把国字改过来。

改了段时间，又有人上书说："新改的国字，是口字里面框着个武字，这大大地不祥，表示把姓武的拘禁起来，对您不利呀。"

武则天醒过神来，又下旨把国字改回去。

02 小心眼的狄仁杰

狄公狄仁杰，是武则天时代最有贤名的大臣，但他也曾有小心眼的时候。

曾经有一次，狄仁杰被贬官，流放的途中，经过汴州。汴州的地方官员叫霍献可，为人阴损又邪恶。他见狄仁杰失势被贬，就落井下石，下令狄仁杰必须要在当日离开他管辖的地盘。狄仁杰又渴又饿，可是霍献可连口水都不允许他喝。

狄仁杰气坏了，发誓一旦卷土重来，必定要让霍献可死得难看。没多久，狄仁杰果然又被武则天起用，回到京城。他开始考虑，要如何报复霍献可，才能消得心头之恨呢？他只顾想着报复霍献可，连武则天吩咐他举荐有才干的官员之事，都没顾得上考虑。

这一天，狄仁杰还在想着怎么报复霍献可，武则天突然让他把举荐官员的名字报上来。可狄仁杰根本没想过这事，他满脑子想的只是霍献可，仓促之下，脱口说出一句："陛下，臣举荐霍献可。"说出这句话后，狄仁杰自己都被惊呆了。而霍献可，就这样莫名其妙地被狄仁杰举荐到朝廷中来，成为重要官员。但他品性不改，仍然是阴险下作，卑鄙又无耻。

狄仁杰后悔不迭，反省之后，发现都是因为自己挟仇报复之心太重。如果不是心里时时念着霍献可的名字想要报复，也不会犯此错误。从此他惕厉自省，再也不敢存丝毫小人之心，最终成为一代名臣。

03 狄公用人唯亲

狄仁杰做宰相时，毫无私心，时常引荐人才，让武则天非常满意。

但是有一次，武则天让狄仁杰推荐一个人才，担任尚书郎的职位。狄仁杰推荐的，竟然是他的儿子狄光嗣。

武则天很吃惊，不明白狄仁杰为何突然如此明目张胆地替儿子谋取私利。但武则天没有作声，而是假装不介意地点头，就让狄仁杰的儿子上任了。

此后武则天注意观察狄仁杰的儿子，看他会不会给自己的父亲丢脸。观察了一段时间，武则天大为震惊地发现，狄仁杰的儿子狄光嗣，竟然是一个完美的尚书郎，几乎可以说，找不到比他更适合担任这个职位的人了。

武则天感叹道："举贤不避亲这种事，以前只是在书本上读到过，现在才真正见到了。狄仁杰呀狄仁杰，不惮物议，一心为国，不愧是个非凡的人物。"

04 赌神狄仁杰

武则天晚年，宠爱面首张昌宗，对于张昌宗的任何要求，一概满足，从来没有拒绝过。

有一次，南海郡献来一袭用翠鸟羽毛编织成的衣服，异常华丽。武则天就把这件衣服给了张昌宗，让张昌宗披在身上。恰好狄仁杰进来奏事，武则天就说："狄公啊，听说你无所不能，敢不敢跟张昌宗赌一场？"

狄仁杰回答："我当然敢，只怕他输得太惨。"

张昌宗火了，就说道："狄仁杰你好大的口气，你要跟我赌什么？"

狄仁杰道："就赌你身上的这件羽衣，你输了，衣服就归我。"

武则天在一边笑了："狄公你太狡猾了，如果你输了呢？"

狄仁杰道："我要输了，就把我身上的衣服脱给他。"

张昌宗哈哈大笑："狄仁杰，要点脸会死吗？你身上那件破官服，一钱不值，也配跟我赌？"

狄仁杰正色道："差矣，你差到了不能再差矣。别看我身上的官服破烂，可它是天子对臣民的承诺，是国家制度的象征，是神圣无比的。而你张昌宗穿的羽衣，虽然华丽无比，却不过是天子的宠幸，一钱不值。哼，拿我的官服和你赌，我还觉得亏大了呢。"张昌宗气得半死，说："好，姓狄

的，今天咱们俩掷骰子，比大小，你会吗？"

狄仁杰拈起骰子在手，冷笑道："哼，不是本官会不会的问题，而是你要输得多惨的问题。"说罢，狄仁杰掷出骰子，喊了声"大"，掷出来的果然是个大数目，再喊声"小"，掷出来的果然是个小数目。

武则天在一边看着，吃惊地瞪大眼睛，说："我的老天爷，狄仁杰你还会这一手，想大就大，想小就小。你有这本事，张昌宗真的会输光裤子的。"

张昌宗也是头一次见识到狄仁杰不可思议的赌技，惊得目瞪口呆，一句话也说不出来。狄仁杰一戳他的鼻头："你输了，把衣服给我脱下来！"

张昌宗哑口无言，自知赌技差得太远，只能老老实实地把羽衣脱下来。狄仁杰拿着赢来的羽衣出宫，随手扔给自己的家人："归你了。"说罢，登车扬长而去。

05 狄仁杰寻开心

有一天狄仁杰在上朝时，忽然看到秋官侍郎卢献正走在自己身边，于是狄仁杰就开玩笑说："老卢，我要送你一匹马。"

卢献一想："送我一匹马？我姓卢，狄仁杰说送我一匹马，马加卢是个驴字，他这是嘲笑我是头驴。"于是，卢献立即回答："狄公啊，我要回赠你一柄刀。"

狄仁杰不明白："你送我刀干什么？"

卢献气鼓鼓地说："一刀劈开你的狄字，就是两条狗。"

狄仁杰摇头："不对，我的狄字劈开，是一条狗和一个火字。"

卢献回答："有火又有狗，正好煮狗肉。"

狄仁杰哈哈大笑起来，说："跟聪明人开玩笑，只会反被嘲笑啊。"

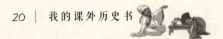

第四节
安史之乱

01 不怕皇帝只怕官

玄宗皇帝曾在勤政楼大摆筵席，上演各种剧目，让百官与百姓一起观看。老百姓蜂拥而来，堵塞了道路和广场，御林军的卫士们用棍棒殴打，也无法止住百姓的人潮。

唐玄宗很忧虑，问高力士："看情形今夜有点失控，老百姓根本不怕朕这个皇上，有什么办法可以制止百姓拥挤呢？"

高力士回答："陛下，您听说过县官不如现管吗？说实话，老百姓根本不怕皇上，他们害怕的是京兆尹严安之。"

"真的吗？"唐玄宗表示怀疑，"那把严安之叫来试试。"

高力士立即派人去叫京兆尹严安之。不久，严安之来了。他到达之后，走进拥挤的人群，围着广场走了一圈，拿上朝用的笏板，在地上画了个圈，说了句："越过这条线的人，一律处死。"

霎时间，拥挤不堪的老百姓，潮水般地退到线外。

宴会持续了五天。整整五天，老百姓无一人敢于越线，都指着那条线

说："这是严公界，千万不要逾越。"

玄宗感叹道："朕才知道，这地方官，在百姓面前拥有这么大的威势，难怪有人说天高皇帝远。那些远在京城之外的官员，个个都是土皇帝啊。"

02 唐玄宗贪玩

李龟年，大唐乐工，名动天下。他为了习练羯鼓，打折了许多鼓杖。

有一天，唐玄宗突然问李龟年："你习练羯鼓，打折多少根鼓杖了？"

李龟年有点得意地回答："陛下，已经打折五十根了。"

唐玄宗摇头："才打断五十根，跟朕比差得远了。"唐玄宗把李龟年带到一个房间，房间里陈列着许多柜子。玄宗命李龟年打开柜子看，打开来，就见柜子里全都是打折的鼓杖。

"哼哼，"就听唐玄宗解释道，"朕习练羯鼓，废寝忘食，打折的鼓杖已经装满了三个大柜子，第四个柜子马上也要装满了。"

李龟年震惊之际，很想问玄宗皇帝一句："陛下，您把心思都花在这上面，那谁替您治理天下呢？"

唐玄宗醉心鼓乐，不问政务，最终导致了安史之乱的爆发。

03 安禄山起兵

大唐天宝年间，爆发了有名的安史之乱。

安史之乱中的"安"，指的是大将安禄山。他在谋反的前两三天，于府中宴请手下十多名大将，给每个人一个小包袱，里边全都是价值连城的金银珠宝。此外，包袱里还有一张行军地图。

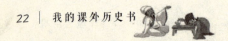

安禄山说："你们每个人，回去之后要立即行动，按照我给你们的地图行军，遇城攻城，遇关克关。无论谁阻碍你们前进，统统给我干掉。我们所有人最后于长安城中会合，有违我军令者，杀无赦！"

手下的将领们从安禄山这里拿到了金银珠宝，又知道安禄山生性凶残，违令者必杀，回去之后果然按照安禄山给的地图，分道向长安城发起进攻。由于各军配合有度，进退分明，大唐守军根本无力抵抗。结果安禄山的叛军轻易攻破了国都长安，唐明皇被迫出逃蜀川。

安禄山虽然不是什么好人，但他的用兵之术是非常高明的。没有这过人的才能，他也不可能把大唐江山祸害得支离破碎。

04　被拐走的良马

安史之乱的"史"，是指史思明。他作战勇猛，军队中拥有一千多匹上等好马，这些良马每天都去黄河对岸的沙洲上洗澡。

唐将李光弼与史思明对峙，看到史思明的良马之后，弼心生一计。他命人牵出五百匹母马，冲着对岸的马嘶叫不停。对岸史思明的良马，见到母马立即亢奋起来，蹚萍渡水，全都游到了李光弼这边。

史思明得知后，气得跑到黄河边上跳脚大骂。但骂也没用，良马全被拐走，导致他的军队士气受挫，最终被平灭。

05　透明的人生

大唐名将郭子仪，为人特别随和，从来不摆架子。有客人来访，他的家中女眷进进出出来来往往，从来也不避讳。兵营中的士兵，都随意去郭子仪

家里走动，有时候郭子仪的女眷梳头，就会叫："喂，那边那个当兵的，替我舀瓢水来。"

许多人因此嘲笑郭子仪。郭子仪的儿子感到很丢人，就哭着劝父亲："父亲，咱们别这么丢人现眼好不好？外人随意进出咱家，咱家里的女人随便给人家看，你知道人家都怎么嘲笑你吗？"

郭子仪笑道："你个小兔崽子，知道个屁！我为国家立下大功，又掌握兵权，外边的人还不知道怎么猜忌咱们家。就算你什么坏事也不干，单是个功高震主，就逃不脱杀身灭门之祸。所以，我故意让家门四敞大开。我家里有什么，所有人都看得清清楚楚明明白白，就算有谁想对皇上进谗言，他自己都找不到个理由。"

"原来是这样。"郭子仪的儿子恍然大悟。

郭子仪正是以他这种透明的人生，避免了专制时代功高被戮的命运，让他成为古往今来难得的智者。

06　客栈奇案

唐玄宗时，鄠县的一家客栈出了桩恐怖的怪事。

有几个奇怪的客人，模样长得凶神恶煞，抬个奇怪的柜子，住进了客栈。住下后，这伙人房门紧闭，不允许店小二随意进入。

到了半夜，那间客房里突然传出巨大的响动和凄厉的惨嚎声，好像还有什么可怕的东西咚咚地用力敲击墙壁。店家带人急忙赶来，小心翼翼地敲门，听不到任何回应，便打开门。只听"轰"的一声，一头熊突然冲了出来，踏着被吓趴在地的客人的身体，冲出客栈，消失在山林之中。

好端端的客栈，怎么会突然钻出头凶残的熊呢？

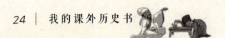

此事要从宁王说起。宁王是李氏皇族，他进山打猎，搜索树林，发现了一个奇特的柜子，柜子里边还有声音传出。

宁王命人打开柜子，发现里面是一个绝色美女。宁王问她为何会在柜子里关着，女子哭诉说，她是一户官宦人家的千金，但有天夜里，一伙持械盗贼杀入她的家中，杀掉了她的父母。看她容颜清丽，群贼都想据为己有，就为了她争打起来。后来群贼商量，先把她关在柜子里，丢在山中。群贼先去把抢来的财物藏好，然后再来享用她。她害怕得在柜子里哭喊敲击，幸好遇到了宁王。

宁王了解情况后，见这女子美貌无双，就秘密派人将她护送到皇宫。然后，宁王将打猎时捉到的一只熊关入柜子中，就带人回去了。

群贼回来，不知道柜子里的美女已经被换成了一只食人的熊，就兴高采烈地抬着柜子，到客栈住下。半夜里他们悄悄打开柜子，想享受一番，不曾想里面钻出来的是一只熊，当场把惊呆了的群贼统统撕成了碎片。

07 名人效应

据《国史补》记载，安史之乱时，杨贵妃缢死于马嵬驿。等到乱兵走后，许多人到现场看稀奇。有一个老太太，在现场捡到了一只袜子。于是这老太太宣称，她捡到的是杨贵妃穿过的袜子。许多人闻讯前来观看，老太太开始向观看者收费，每人一百钱。没过多久，老太太敛钱无数，发了横财。

可见，古人是很会运用名人效应增加个人财富的。

第五节

学士风流

01 汪伦计骗李白

诗人李白，喜欢酒，更喜欢美丽的风景。他才华横溢，虽然许多人想结识他，却很难打动他。

有一天，李白突然收到一封信，信上说："我叫汪伦，希望诗人来我这里做客。这里有万家酒店，足够诗人畅饮。这里有十里桃花，必让诗人流连忘返。"

看成完书信，李白顿时心动，就兴冲冲地出发了。到了地方，李白发现邀请他的汪伦不过是个普通的酒店老板。他的酒店更普通，根本看不到一万家酒店，也看不到美丽的十里桃花。

李白很郁闷，就问："你为什么骗我？"

汪伦冷静地回答："我没有骗你。你现在喝酒的酒店，老板姓万，所以人称万家酒店。距此十里有个渡口，叫作桃花渡，这难道不是十里桃花？"

"你……"李白先是吃惊，继而大笑起来，于是和汪伦一醉方休。醉后，他写下了千古名篇：

> 李白乘舟将欲行，忽闻岸上踏歌声。
>
> 桃花潭水深千尺，不及汪伦送我情。

02 千万不要惹李白

大诗人李白有一首《蜀道难》。这首诗，引发了当时一场大乱子。

事情的起因是李白打算去四川玩玩，就命一个弟子带了自己的书信给川蜀大总管严武。但那名弟子并没有把信送到，而是半路拐了弯，回家了。

李白不知道信没有送到，他一路行来，见无人迎接，登时大怒，立即写了这首千古不朽的《蜀道难》，开篇就称："蜀道难，难于上青天。"字面的意思是说四川地势险峻，却暗指严武不是好官，把四川治理得朝避猛虎，夕避长蛇，磨牙吮血，杀人如麻。

这首诗相当于一篇极给力的时政文，流传开来，严武的名声一落千丈。可是严武好冤啊，他不是怠慢大诗人，是根本没接到李白的信呀。都怪李白的弟子太坑爹，可这时候，说什么都晚了。

没办法，严武只好传檄天下书生，号召大家赴四川旅游，他提供差旅费，条件是每个书生到了四川，必须要写一篇《蜀道易》，以便替自己恢复名声。

当时，有五千多名读书人蜂拥入川，享受了严武的公款接待后，都写了一篇《蜀道易》。严武把这些诗文刊印成册，见人就送。可是最终这些应景的烂诗没一首有传世价值。大诗人李白的天才，就这样横压在天下人头上。

这就是大诗人李白。对他这样的不世天才，你必须要尊重。

03 杜甫儿子写诗

杜甫是"诗圣"，才高八斗。他的诗天下知名。

杜甫的儿子，叫杜宗武，也学着父亲写诗，并把写好的诗拿给当时的评论家们看。

一个评论家看了杜宗武的诗后，送给他一柄斧子。

于是杜宗武认真研究这柄斧子的深刻含义：斧子，是砍削的意思，莫非是让我把诗句拿给我父亲去修改吗？

评论家说："拉倒吧你，给你斧子，是让你把手剁掉。你父亲是诗圣，你的诗又写得这么好，不剁了你的手，别人怎么混？"

04 白居易名动京师

诗人白居易是个天才，他还不会说话时，就先学会了认字。他幼年时酷爱读书，长大后挟了一卷自己写的诗，去长安闯天下。

到了长安，白居易去拜访著作郎顾况，呈上自己写的诗。顾况看到诗稿上写着白居易的名字，失笑道："长安米价很贵，居住并不容易。"说完，他打开诗稿，读到了白居易最著名的那一首："离离原上草，一岁一枯荣。野火烧不尽，春风吹又生。"

顾况腾地一下跳起来："能写出这样的诗句，居住下来就很容易了。"此后，顾况见人就推荐白居易，没多久，白居易的才名，就已经尽人皆知。

05 江湖夜雨十年骗

大诗人白居易有个诗友叫张祜，在当时也非常有名。

诗人张祜，是大唐时代的武侠迷，最喜欢侠客的传说，渴望成为当世大

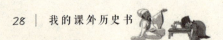

侠。

有一天，张祜正在家中，忽然有个威猛的大汉，身穿夜行衣，一手持剑，一手提只向外渗血的皮囊，大踏步地走进门来。见来人威势不凡，张祜急忙起身相迎。

大汉进来，顺手抛下皮囊，漫不经心地道："此人武功不凡，最善躲藏，是我寻觅了十年才找到的仇家啊，我终于杀掉了他，真不容易啊。"

"啊？"张祜虽然心仪江湖之事，但从未见到过真正的江湖豪客，顿时被大汉的威势所慑，张口结舌，一句话也说不出来。

大汉不理会他，自顾坐下，环视左右："有酒吗？"

"有有有。"张祜知道，传说中的剑客终于现身了，他急忙上前，捧出酒菜来招待。那大汉豪气干云，谈笑风生，一边大口大口地喝酒，一边与张祜闲聊些江湖上的侠客奇闻，听得张祜直眨巴眼睛，心驰神往。

酒过三巡，大汉把酒杯放下，说："我只剩下最后一桩心事。距此不远，有位名满江湖的义士，昔年我曾欠他十万缗钱，如果你能拿出十万缗，让我去了结这最后的恩怨，从此我就了却恩仇，可以和你这样的朋友在一起了。"

"啊，你要十万缗钱？"张祜进屋，东翻西找，把家里的钱全都找出来，居然凑足了数目，双手捧到大汉面前。大汉浑不在意地随手接过，说了声"有劳"，就飘然而去。

大汉走了，却把那只装着人头的皮囊留在了张祜的家里，而且他一走，就没了声息。张祜每天提心吊胆，看着那只滴血的皮囊，越看越害怕，生怕官府的人进来，发现人头，抓他去吃官司，那他可就说不清楚了。

等不到大汉回来，张祜就想先把人头埋起来，以免受到连累。他打开皮囊，定睛一看，顿时呆住了。

皮囊里根本不是什么人头，而是一颗猪头。

张祜这才恍然大悟，原来那个豪气干云的大汉根本不是什么江湖大侠，而是一个骗子。只不过他外形长得特像传说中的大侠，又知道张祜痴迷江湖

传说，就设局登门行骗，结果一下子就骗走了张祜的十万缗钱。

张祜的幻想就这样残忍地被现实击破了。此后，他再不没提剑侠之事。

06 天真的书法家

颜真卿，唐代著名书法家，也是当时有名的忠心耿耿的大臣。

颜真卿有才又有德，非常渴望流芳百世。他丝毫不怀疑自己日后会为后人所怀念。但他很担心，说不定哪一天，整个人类会遭遇特大变故，甚至人类文明都会消亡，也未可知。如果是这样的话，他和他的书法艺术，就会彻底失传了。

如何解决这个问题呢？

颜真卿想了又想，终于想出个好法子。

他请了石匠，在很大的石块上，刻下他的名字。然后他把这些石块搬到船上，乘船出海，到了远海，再将这些刻着他的名字的石块，丢到海底。

颜真卿说："这下可以了，亿万年后，沧海桑田，大海有可能隆起成为高山。到时候刻着我的名字的石块，就会出现在高山上。届时，几亿年后的人们，就会看到我的名字，就会研究我，这样我就不朽了。"

伟大的名人也有很天真的时候。其实颜真卿想多了，只要人类存在，他的书法艺术就注定不会失传。

07 皇帝求书法

柳公权，唐朝著名书法家。他的书法奇瑰昳丽，目睹者莫不销魂。但柳公权很爱惜自己的书法，通常是一字难求。纵然是皇帝本人想得到柳公权的书法，也得动点脑筋。

于是，唐武宗就在宫里找一个宫女的麻烦。宫女吓坏了，哭着问："陛下，奴婢究竟犯了什么错，让陛下如此生气？"

唐武宗说："都怪柳公权，他不给朕写书法。"

宫女诧异："陛下，奴婢根本不认识柳公权，他不给陛下书法，为何要问罪奴婢呢？"

唐武宗说："朕不管，反正拿不到柳公权的书法，朕就跟你没完。"

闹过一场后，唐武宗就把柳公权叫进宫里，指着宫女说："看到了没有？你不给朕写书法，后果有多严重！你现在再不写的话，我就打这个宫女。"

柳公权目瞪口呆，说："陛下，你这是哪儿跟哪儿啊，臣根本不认识这个宫女……别打别打，陛下不要打她，臣写就是了。"

无奈之下，柳公权泼墨挥毫，写了幅书法。武宗大喜，命宫女向柳公权表示感谢。此后，武宗想要柳公权的字，就以这种方式传柳公权入宫，不给书法，就惩罚宫女，弄得柳公权很是郁闷。

08 驴友韩愈遇险记

唐代著名文学家韩愈年轻的时候喜欢周游天下，四处冒险。

有一次，他独自登上了华山之巅，四望无人，仰天长啸。长啸过后，他低头往山下一看，只见沟坡险峻，栈道直立，韩愈的脑子忽然晕眩起来。他惊恐地发现，自己患有严重的恐高症，上山时只顾仰头攀登，下山时却不敢下去了。

当时韩愈吓坏了，忍不住号啕大哭起来。他一边哭，一边写下遗书：永别了，美好的世界。然后，他把遗书随风抛下了山。

韩愈的遗书，被山民捡到，送给了官府。地方官一看大惊："不得了，这是大才子韩愈的遗书。韩愈才华横溢，将来一定是非常伟大的人物，绝不能让他出事。马上给本官组织营救队，务必把大才子韩愈给本官平安无事地救下山来。"

搜救队很快组织起来，并登上山顶找到了韩愈，安慰道："大才子，不要害怕，我们会保护你下山的。"

"不，不不不，"韩愈拼命摇头，"我死定了，你们不要拉着我往山下看，一看我就头晕，肯定会滚下去的。"

搜救队急忙安慰道："要不这样好了，请大才子闭上眼睛，我们用绳子把你系下去。"

"那也不行。"韩愈断然摇头，"万一这绳子断了怎么办？"

"放心，我们会多用几根绳子，一定不会让你有危险的。"搜救队好说歹说，终于劝得韩愈打消顾虑，闭上了眼睛，让搜救队把他捆起来，像捆柴一样系下山去。

韩愈脱险了。此后他很少提起这件丢人的往事。但他知道，他的性命是许多人不顾一切救下来的，所以他终其一生耿直忠正、友善待人，赢得了身后万世之名。

09　做人要低调

才子李贺，他的诗曾让韩愈震惊称绝。尤其是他的名句"黑云压城城欲摧，甲光向日金鳞开"，更是传世不朽。

但是李贺有个习惯，喜欢当面羞辱别人。他有个表弟，经常被他当面羞辱。表弟怀恨在心，表面不动声色，却打定主意，要毁掉李贺一生的成就。

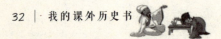

李贺死后，怀念他的人就自发聚集在一起，搜集李贺的诗章，准备出版《李贺全集》。这时候李贺的表弟找来了，说："我是李贺的表弟，他的诗章我最清楚，你们把搜集到的诗稿都交给我吧，我帮你们整理好。"

大家把保存的诗稿拿出来，交给李贺的表弟，此人拿着诗稿走后，就不见了踪影。过了一年，大家终于找到了他，追问道："你表哥的书稿整理出来没有？"没想到，李贺的表弟哈哈大笑道："整理个屁呀整理，那些破烂诗稿，早就被我扔到茅坑里了。"

"什么？"人们震惊了，问，"你为何要这样做？"

李贺的表弟回答道："李贺是我的表哥，生前羞辱过我无数次。我知道他最大的心愿，就是想让自己的诗传承于世。所以我就毁了他的诗稿，就是让这世上的人知道，你再有才华，也不应该羞辱别人。羞辱别人，你就要付出代价！"

李贺辛苦一生的文学成就，就这样佚失了。

10 书法引发的官司

唐人张旭，因为观看公孙大娘的剑器之舞，悟得了书法真谛。他喜欢在喝得酩酊大醉之后，高声大叫，手持笔墨，一挥而就。写出来的字，人们见了都以为是神仙所书，不认为人类能写出如此雄浑的书法。

因为才华横溢，张旭被任命为常熟尉。他到任后，有个老翁来告状打官司。张旭拿起他的状纸，"刷刷刷"做出判决，案子就算审完了。

老翁称谢而去。没隔几天，他又回来了，继续打官司。张旭再次判决，老翁再次称谢，但时隔不久，老翁又回来告状。

就这样，无论张旭如何判决，老翁总是能找出新的由头，反复告状无休

止。张旭发怒了，等老翁又一次来告状，他当即喝令将老翁拿下。

张旭说："好啊，我算弄明白了，你原来是个告状专业户，无论我怎么判决，都无法让你满意是吧？你给我老实说，你反复无休地告状打官司，到底想干什么？"

老翁回答："请你不要乱指责。你可以查一查，在你上任之前，我可曾告过一次状？可曾打过一次官司？一次也没有！为什么你来了，我却告状不休，打起官司没完没了了呢，嗯？"

张旭大怒："咦，你居然指责起本官来了。你说，本官做了什么错事，让你没完没了地打官司？"

就听老翁回答："都怪你的字写得太好，那简直是神仙所书，非人类所写。我是太喜欢你的字了，才屡次三番来打官司，就是想让你在我的状子上多批复几个字嘛。我也好收藏起来，当作传家之宝。"

张旭听得呆了："你是说真的吗？"

"是真的。"老翁道，"不信你可以派人去我家查。你在我状子上做的批复，我都让人裱好，珍藏了起来。"

张旭亲自查看，证实老翁所言属实，他是真的喜欢张旭的书法。这件事，让张旭更加发奋努力，生怕一个字写得不好，让世人对他失望。他的书法也因此倍加长进，越来越精妙，堪称空前绝后，无人可及。

11 贾岛羞辱皇帝

诗人贾岛，作诗时很下功夫，就连走在路上，都在字斟句酌。他曾经一边赶路，一边想"僧推月下门"这句诗，是用"推"字好呢，还是用"敲"字好？这个故事尽人皆知，并留下一个至今还经常使用的词语——推敲。

但是贾岛的脾气不好，眼高于顶，目中无人。他曾在法乾寺读书，有一天正休息，忽然有个气宇不凡的年轻人，从门外大摇大摆地进来了。贾岛拿眼睛斜扫了一下年轻人，呵斥道："谁家的孩子，这么没教养？你爹没教过你进来时要敲门的吗？"

年轻人呆了一呆，没回答，只是笑着，拿起贾岛放在书案上的诗稿读了起来。贾岛火大了，冲上前一把夺下诗稿："小子，诗这么高雅的东西，是你能看得懂的吗？给我滚！"

年轻人涨红了脸，正要说话，贾岛劈头打断他，大叫道："滚！"

年轻人无奈，只好怏怏地离开了。

过了一会儿，庙里的和尚蹑手蹑脚地走了进来："贾岛，刚才皇帝跟你说啥了？"

"皇帝？"贾岛莫名其妙，"瞎说什么呢，你这破庙哪来的什么皇帝？"

和尚解释说："咦，你不知道吗？今天皇帝微服私访，来到咱们的庙里。听我们说大诗人贾岛正在房中读书，皇帝来了兴趣，就进你屋里来了。我们都亲眼看到皇帝走了进来，你怎么可能没看见？"

什么？刚才被他骂得狗血喷头的年轻人，就是新即位的皇帝唐宣宗？当时贾岛就慌了神，急忙追出去："陛下，陛下，刚才我不是故意的，我不是存心骂你，我就是这么个暴脾气。"

但是，唐宣宗已经走远了。

从此，唐宣宗对贾岛印象就不大好了。以后一旦有人推荐贾岛担任公职，唐宣宗就不断摇头："贾岛？就他那个不问青红皂白的暴脾气，他当了官，要是误了国事政务，谁担待得起？"

所以，贾岛终其一生，抑郁不得志。

12 注定是宰相

诗人李绅赴长安赶考。到了长安，他去拜访主考官吕温，奉上自己写的一首诗。

吕温冷笑道："现在的举子呀，一个个学问不大，脾气不小，凭几句烂诗就想出人头地。哼，也不撒泡尿照照自己的德性。"他一边不屑地说着，一边顺手打开李绅的诗，只看了一眼，就腾的一声跳起来，对自己的弟弟说："这个人，必然是日后的宰相。"

吕温的弟弟大笑起来，说："哥哥，你前倨后恭，未免过分了吧？"

吕温说："你看看他的诗就知道我所言不虚。"

吕温的弟弟探头一看，顿时也大叫起来："此人非当宰相不可，绝不会有错。"

原来，李绅呈送上来的，就是他那首名扬天下、永世不朽的诗作《悯农》："锄禾日当午，汗滴禾下土。谁知盘中餐，粒粒皆辛苦。"

不久，李绅果然成为大唐帝国的宰相。

13 刘禹锡讲故事

诗人刘禹锡被贬出京城，去偏远的地方任职。他的情绪很低落，这时一位京官写信给他鼓气。刘禹锡回信，讲了个故事：

曾经有个老太太，走在山里，遇到一只老虎拦路。老太太吓坏了，连声说："别吃我别吃我，求求你别吃我。"听了她的话，就见那只虎坐下来，举起前爪给老太太看。老太太仔细一看，原来老虎的前爪里扎进去一根刺。老虎疼痛难忍，自己又不会拔刺，就拦住老太太求她帮忙。

老虎爪子上的刺被拔掉，立即振作起来，摇头摆尾地长啸一声，就跑掉了。过了几天，老太太正在家里闲坐，忽听门外"咕咚"一声。出门一看，原来是老虎来了，叼来一只鹿，扔在地上。

老太太知道老虎是报恩来了，高兴地把鹿煮了吃肉。

此后每隔几天，老虎就叼着鹿或兔子送到老太太这里来，老太太家里从此衣食不愁了。可是忽然有一天，老虎又来了，这次却叼来一个死人，很欢快地送给老太太。老太太吓坏了，就跪在老虎面前，恳求道："求你了，求求你了，不要再把死人抛进来了。"

刘禹锡讲这个故事，用以表达一种失落的心态，意思是说："我心已死，你们就不要再拿我说事了。"

14 如何气疯对手

诗人刘禹锡，被政敌攻讦，贬职出京。不久他又被起用，回到京师，于是就写了首诗：

> 紫陌红尘拂面来，无人不道看花回。
>
> 玄都观里桃千树，尽是刘郎去后栽。

这首诗出来，刘禹锡的政敌火冒三丈，认为他这是讥讽自己，就恼怒地上书，疯狂攻击刘禹锡。于是，刘禹锡再次被贬出京师。

但没过多久，刘禹锡又回来了，这次他又写了首续诗：

> 百亩庭中半是苔，桃花净尽菜花开。
>
> 种桃道士归何处？前度刘郎今又来。

这一次，刘禹锡是真的在诗中讥讽了，他的政敌气得半死，却拿他毫无办法。

第六节

末路残花

01 名臣说谎脸不红

唐代有个贤臣李泌，有才干有学问，几次拯救了国家。他的屯兵之策，为后世人代代效仿。许多人都认为李泌不是人，是天上来的神仙。

其实，说李泌是神仙，是李泌自己放出的风声。他虽然有本事，却有个喜欢炒作的毛病，而且他炒作起来，脸皮都顾不上要的。

曾有一次，有几个客人到李泌家里，李泌见他们来了，立即吩咐家人打扫几间卧室出来。客人们急忙说："不要这么麻烦，我们只是坐一坐就走，不过夜的。"

李泌回答说："几位会错意了，我命家人打扫房间，不是给你们预备的。我在天界的朋友太上老君，他要下凡来我家里做客，所以我为太上老君洒扫。"

"有这事？"客人们听得半信半疑，就坐了下来。忽然间，李泌拿手一指："你们看窗沿下面，有一葫芦酒。这酒可不是凡间的俗酒，这是麻姑在王母娘娘的蟠桃宴会上，给王母祝寿的寿酒。你们几个人有仙缘啊，居然能够在我这里喝到仙酒。"

"什么？这是麻姑祝寿的仙酒？"客人都惊呆了，"快点尝尝仙酒是个什么滋味。"于是众人你一口我一杯，三下五除二，就把这葫芦仙酒给喝光了。喝完后，众人吧嗒吧嗒嘴，感觉这仙酒，也不过如此，寡淡无味而已。

正在回味之际，忽然有个农夫怒气冲冲地闯了进来："李泌，你这人是怎么回事？要喝酒自己不会买吗？我刚刚买的一葫芦酒，就放在窗沿上，去牵牛的工夫，你竟然全都给偷喝了。"

啊？原来这根本不是什么神仙之酒，而是乡民喝的质量最差的水酒。客人们哭笑不得，看李泌如何跟大家解释。不料李泌脸不红不白，对乡人说："看你这人，我李泌名气这么大的人，喝你口酒怎么了？那是我李泌给你面子。给，酒已经喝完了，空葫芦还给你。"

西洋镜被戳穿了，但是客人们并没有因此鄙视李泌，因为他是真的有本事，大家敬服他，不愿意戳穿。结果，后世人写了本《神仙传》，仍然把李泌视为神通广大的神仙。

02 洗龙袍

大唐帝国经历了安史之乱，却仍然能够存续下去，这与唐玄宗对孩子的教育方法得当有很大关系。

唐肃宗是唐玄宗的儿子，正是他重用名将郭子仪，平定叛乱，重整河山。肃宗做太子时，经常陪伴唐玄宗吃饭。曾有一次，御膳房送来了熟肉，其中有条熟羊腿，玄宗让太子把羊腿切开。

太子用手撕开羊腿，然后拿起张饼，擦干净手上的油。唐玄宗在一边看着，很不高兴。但是太子很快拿起那张饼，有滋有味地吃下去。唐玄宗顿时

转怒为喜，说："幸福的生活，你要懂得爱惜。"

后来太子登基，是为肃宗。他仍然很注意节俭，宫里的舞女跳舞时没有华丽的衣服穿，用膳时肃宗只吃普通的饭菜，没有山珍海味和大鱼大肉。有大臣称赞他，肃宗很严肃地抬起双臂，说："看，我身上这件龙袍，已经洗过三次了。"

唐肃宗，他成为中国历史上唯一一位因洗龙袍而被记录在史的皇帝。

03 砍死这个劈腿货

唐朝末年，黄巢起事，应者如云，浩浩荡荡的军队潮水般向着长安方向杀过去。

朝廷上下吓慌了神，就派中书令王铎率军队出征，迎战黄巢。

王铎是个读书人，行事中规中矩，性格文静儒雅，根本不是治乱之才，而且他完全不会打仗。一接到任命，他就带上新娶的美貌小妾，带着军队出发了。

唐军正行之际，忽然前后方各有快马赶来报告。

前方的快马报告："禀将军，黄巢大军正从南面涌来，来势凶猛。"

后方的快马报告："禀将军，你老婆听说你带着美妾出京了，勃然大怒，此时正率家丁手持菜刀追杀而来，说是一定要砍死你这个劈腿货。"

"啊？"王铎慌了神，"停下来，立即召集诸将，我们开个军事会议。"

会议开始，王铎先对将领们解释军情："诸位兄弟，不好了。眼下的形势是，黄巢大军从南面杀至，我老婆则率人从北方追来。如今我们腹背受敌，请问如何是好啊？"

将领们假装严肃地回答："我们建议，还是向黄巢投降好了，否则的

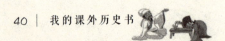

话，让你老婆逮到你，你肯定会很惨。"王铎听了，也忍不住苦笑起来。

不久黄巢打来，王铎不敢迎战，逃向四川，但最后他还是被黄巢的兵马追上，身死名灭。

04 寺僧奇智

唐朝末年，藩镇割据，战乱不断。

有家寺庙的方丈，做事很是奇怪。他下令将寺中的田产全部卖掉，买回豆类和粟米，再让和尚们加班加点，把豆子和粟米磨成粉，用米汤和成糊，制成砖块冷却，再以这些豆砖为材料，盖起几幢房屋。

然后，方丈又下令，全寺僧人要参加残酷的野营拉练。他强迫每个和尚早早起床，长跑五公里，才允许吃饭。寺中和尚怨声载道，抱怨不休，许多和尚气愤方丈的不可理喻，说方丈是个以折磨人为乐的变态，偷偷逃走了。

不久，乱兵果然漫山遍野地杀来了。留在寺中的僧人们，因为经过高强度的训练，奔跑起来犹如奔马，不觉疲累，乱兵追也追不上。而那些拒绝训练、私自逃走的僧人，全被乱兵追上杀掉了。

乱兵过后，就是恐怖的大饥荒，许多人活活饿死。而寺庙开始拆除用豆砖盖起来的房屋，和尚们每天啃一块豆砖，全都健康地活了下来。

05 皇帝妙计求财

唐末黄巢起事，兵入长安。到得黄巢败走，唐僖宗返回国都，但是宫室破烂，十室九空，于是僖宗皇帝下诏，要重修皇城。

可是修城，是需要钱的，上哪儿弄钱来呢？

唐僖宗想出个绝妙的法子，他先修安国寺，修好之后，于寺中设置了一座大钟。然后僖宗皇帝亲临安国寺，撞响了钟，说：这座钟，朕撞击之一下，就施舍一万贯钱。说完，撞钟十次，当场施舍十万贯钱。

然后僖宗皇帝宣布：这座钟，谁都可以来敲，但敲击之下，要为安国寺施舍一千贯，童叟无欺，言无二价。

听了这个消息，有钱的富户蜂拥而来，以能够撞击皇帝撞过的钟为荣。有个大富豪直接撞击了一百下，安国寺当天收到的钱，堆如小山。

然后僖宗跟安国寺悄悄分成，他当然占大股，得到的钱，就用来重建皇城。

第二章

大宋开辟日月天

第二章

五代 （907~960年）

907年，朱温代唐自立，国号"梁"，史称"后梁"。

916年，耶律阿保机统一契丹各部，建立契丹国。

923年，李存勖称帝，国号"唐"，史称"后唐"。

936年，石敬瑭在契丹的支持下称帝，国号"大晋"，史称"后晋"。

947年，后晋大将刘知远称帝，国号"大汉"，史称"后汉"。

947年，契丹国主耶律德光灭后晋，称帝，改国号"大辽"。

951年，后汉大将郭威自立为帝，改国号"周"，史称"后周"。

北宋 （960~1127年）

960年，"陈桥兵变"，后周大将赵匡胤称帝，建立宋朝，史称"北宋"。

961年，宋太祖赵匡胤"杯酒释兵权"。

975年，北宋灭南唐，后主李煜被俘。

979年，北宋灭北汉，五代十国时期结束。

1004年，宋、辽"澶渊之盟"。

1038年，党项族首领元昊称帝，国号"大夏"，史称"西夏"。

1043~1045，范仲淹等人实行"庆历新政"。

1069年，王安石变法。

1125年，金灭辽。

1127年，"靖康之变"，北宋灭亡。

南宋 （1127~1276年）

1127年，宋高宗赵构在临安继位，史称"南宋"。

1141年，宋、金"绍兴议和"。

1142年，岳飞被高宗和秦桧以"莫须有"的罪名杀害。

1206年，铁木真建立大蒙古国，他被尊称为"成吉思汗"。

1234年，蒙古灭金。

1276年，元军攻陷临安，南宋灭亡

第一节
短命的五代

01 非常不敢说

五代之时，读书人讲究忌讳。读书时，如果书里出现了与自己父亲名字相同的字，绝不可以直接念出来，要回避。官员冯道的儿子，每当读到"道"字时，就恭敬地站起来，说："不敢说。"

有一天，他在读老子的《道德经》的开头部分："道可道，非常道。"就这六个字里，竟然有三个"道"字，结果他的儿子读成："不敢说可不敢说，非常不敢说。"

02 后梁爱情传奇

唐末年间，有个穷小子朱温，有一天出门，无意中见到一顶轿子，被风吹起轿帘，露出轿中一个绝美女子。当时朱温就看呆了，说："我这辈子，如果能娶到这样一个老婆，我就知足了。"

旁边的人讥笑他："朱温，你发什么神经？人家可是大富之家的千金，

闺名张惠，你个饭也吃不上的穷小子，还想打人家千金小姐的主意，趁早别做梦了。"

"我穷怎么了？"朱温气急之下说，"我我我娶不到张惠，还活个什么劲？干脆我去投黄巢，造反去吧。"

朱温投奔了黄巢，不久因战功而出人头地。有一天，他率叛军征战之际，手下人抓到一个美女，急忙献给他。

朱温命人把那美女拖过来，仔细一看，顿时大吃一惊。

这美女，赫赫然竟是他朝思暮想，却求之不得的张惠。

于是朱温向张惠表白，求爱。

张惠知书达礼，嫁给朱温之后，经常指点朱温。不久，朱温在唐朝灭亡后崛起，建立了五代十国的第一个政权，后梁帝国。

03 后唐名将录

唐朝末年，边疆的沙陀军事将领李克用，能征惯战，勇冠三军。

但李克用渐渐年老了。有一天，他于三垂岗饮酒，命乐人奏起《百年歌》，歌唱年迈迟暮的老英雄。李克用听到动情处，泪流满面，说："再能打的将领，最后也不过是一捧黄土而已。人生啊，真的没什么意思。"

忽然之间，李克用看到了身边五岁的儿子李存勖，顿时欢笑着说："这孩子，长大后必是个了不起的军事将领.二十年后，他将征战于此。"

二十年后，李存勖果然征战于三垂岗，不久灭后梁而续之，建立起了五代的后唐帝国。

04 临死之际逗你玩

五代时的第一个朝代是后梁，这个朝代持续时间很短。

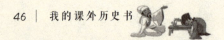

灭亡后梁的是后唐庄宗。当他的军队进攻汴梁时，后梁末帝惶恐终日，急召大臣商量办法。

一个叫郑珏的大臣越众而出："陛下，休要担惊，少要害怕。臣有一计，说不定可退敌军。"

梁末帝急问："是何妙计？"

郑珏回答："请陛下把传国玉玺给我，我骑快马送给敌军。敌军得到玉玺，亢奋之下，说不定会脑子错乱，被咱们打败。"

梁末帝问："倘若敌军没有亢奋到脑子错乱的程度呢？"

郑珏说："这个……那臣就没办法可想了。"

梁末帝哭了："拜托，这眼看就要亡国了，你们这些大臣，能不能别这么逗乐？"

没多久，后唐军队杀至，后梁这个逗乐王朝就风吹云散了。

05 宫斗暗算

后唐刘皇后，是个贪婪又有心计的女人。她派人出宫倒卖货物，垄断市场，赚到的钱堆满了后宫。她只顾赚钱，庄宗便又喜欢上另一个美姬。皇后的耳目急忙来报告，刘皇后不以为然地说了句："哼，就那个没心计的傻妮子，老娘一句话就能摆平她。"

过了几天，有个大臣来找庄宗哭诉，说自己老婆死了，他好悲伤，庄宗皇帝就大包大揽："爱卿休要伤心，你喜欢哪家的姑娘，跟朕说一声，朕替你做主。"

大臣还未说话，皇后突然走出来，指着庄宗正宠爱的那个美姬说："陛下，我看他们两人挺合适，陛下肯定也是这么认为的吧？"

"啊？"庄宗还未答话，那大臣欣喜若狂，立即拜倒，"臣谢陛下赐美之恩。"

"你们，这个……"庄宗气得半死，又不好说不给，只好眼睁睁地看着心爱的美女被大臣带走了。

这是中国历史上最快速的宫战，以有心算无心，只是一句话的功夫。当事人甚至连发生了什么还没弄清，就已经失败出局了。

所谓宫斗，多半是这样的情形，快速、果断，其惨烈程度远超出你的想象。

06 皇后专业户

五代魏王符彦卿，是当时的皇后专业户。他有三个女儿做了皇后。

大女儿出生时，天有异象，算命术士说："这女孩长大，必是皇后。"

河中节度使李守贞听说了，立即替人给自己儿子求婚，于是符家大女儿就嫁给了李守贞的儿子李崇训。

可是刚嫁过去没多久，后周兵马打过来，冲入城中。李守贞自焚而死，李崇训则手提长剑，把家族中的女眷统统杀掉，不想让她们落入后周之手。都杀完了，仔细一检查，咦，老婆符氏不在当中。原来符氏发现情形不对，就躲了起来。

李崇训提剑到处寻找老婆，想把符氏找出来杀死。还没找到，乱兵就冲了进来，李崇训急忙抹脖子自杀了。

这时候符氏才走出来，对乱兵喝道："你们不许胡来，我跟你们的统帅是亲戚，你叫他来见我。"

统领后周兵马的是柴荣。他到来之后，听符氏说了情况，就派人把符氏

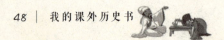

送回了家中。过了段时间，柴荣继位，做了后周世宗。当皇帝就需要有个皇后，忽然间柴荣想起临危不乱的符氏来，就派人去符家求婚。

符氏真的做了皇后，但娶了她的李崇训却没有做皇帝的命。

柴荣与符氏相亲相爱了好长时间。后来符氏不幸病死了，柴荣很想念她，就向符家提出，请求娶符氏的妹妹当皇后。符家当然不会拒绝，于是符家就出了两个皇后。

再后来，赵匡胤、赵光义兄弟夺了后周政权，建立大宋。等到赵光义当皇帝时，也急需皇后一枚。他想起符家专门出产皇后，也登门求亲。于是，符家一门，竟然出了三个皇后。

07 花蕊夫人

后蜀花蕊夫人，姓徐，她才貌双全，冰肌玉骨，是世所罕逢的美人。

北宋灭亡了后蜀，把花蕊夫人捉了去，赵匡胤审问她："听说你会作诗，马上给朕作首诗来听听。"

花蕊夫人张嘴吟道："君王城上竖降旗，妾在深宫哪得知？二十万人齐解甲，宁无一个是男儿。"

赵匡胤听了诗，呆怔半晌，说："不错，不错，你不只是会写诗，还很有想法。只可惜你们后蜀的男人太差劲了，耽误了你呀。"

08 贤良李皇后

后汉皇帝刘知远的皇后李氏，是史上有名的贤后。

刘知远太原用兵，粮草不足，就准备向百姓征用。刘氏知道后，力行劝

谏，她说："老刘，你起自贫寒，一生事业全靠了家乡父老襄助。如今你要做皇帝，家乡父老非但未获丝毫利益，反而要蒙受你的盘剥，你自己寻思寻思，这样好吗？"

刘知远听从了李氏的意见，因此李氏赢得了百姓的敬重。

第二节

赵宋王朝

01 赵匡胤的秘密

宋太祖赵匡胤，早年是周世宗手下的武将。每次出征回来，人们都会看到他带着很多辆车子，车上装满了货物。

于是有人上奏，指控赵匡胤横行不法，抢夺百姓财物。周世宗决定严肃处理此事，就趁赵匡胤出征回来，突然率军包围了赵匡胤，立即对赵匡胤的车辆进行搜查。

这一搜查，周世宗惊呆了。

车子上，居然全是书，有数千卷之多。

当时周世宗很吃惊，问："赵匡胤，你是个武将，弄这么多书做啥子？"

赵匡胤回答："陛下，臣虽然是武将，但怕自己能力不足，不能完成陛下交派的任务，所以每天带着书，随时学习，提高自己。"

周世宗告诉左右："赵匡胤这个人，是有大志向的。"

02 赵氏守门人

北宋，是宋太祖赵匡胤发动陈桥兵变夺得政权后建立的。

赵匡胤发动陈桥兵变后，就率众来到了国都门下，可是守门人拒绝打开城门。无奈之下，赵匡胤只好绕道封丘门，这里的守门人见赵匡胤势力极大，就急忙开了门，让赵匡胤进去。

赵匡胤登基后，先把封丘门的守门人叫来，说："你大开城门，放我进来，我很感激。但是我可不敢再用你守门，因为你不忠于职守，日后我的敌人来了，我怕你也会把我的敌人放进来。如此不忠于职守之人，推出去，斩了。"

然后赵匡胤又把第一道门的守门人叫来，说："当时你不让我进门，我愤怒又生气，但我心中对你极是钦佩，我希望你能够继续守护这道门。你曾经不负使命，忠于职守，我希望日后在我的敌人打来时，你仍然能够保持同样的风范。"

这个故事告诉我们：不忠于职守之人，是不会赢得任何人尊重的；忠于职守之人，可能会招来一时的怨恨，但最终所有人都会钦佩他的操守。

03 坏事不可做

赵匡胤夺了周世宗的天下，建立起北宋帝国。有一次，他见宫女抱着个孩子，就问这是谁的孩子。回答说，这孩子是前朝周世宗的儿子。

周世宗的儿子？当时赵匡胤心里，就犯了嘀咕。于是召集群臣，商议如何处理周世宗之子。

大臣们揣摩赵匡胤的心思，众口一词："杀杀杀，这孩子长大了必是祸

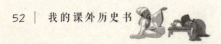

害，应该立即杀掉。"

只有大将潘美不吭声。

于是赵匡胤斥退众人，留下潘美，问："你为什么不表态？"

潘美回答："陛下，那啥，这个态臣没法儿表。如果建议杀掉这个无罪的孩子，是背弃此前的主公，无情无义。可如果建议留下这个孩子，又担心陛下你不高兴。"

赵匡胤听了，感慨地说："是啊是啊，我们不可以做坏事的，这孩子不可以杀。"

于是传旨，前朝柴氏子孙，有罪不可以刑讯，如果是谋逆之罪，最多在狱中赐其自尽，不可以拖到市曹上羞辱。

04 交情重于人品

北宋太祖赵匡胤夺取了后周的江山。他在后周担任将领时，有个叫曹彬的侍吏，掌管茶酒之事。曾有一次，赵匡胤找曹彬，想要点酒喝。不想曹彬断然拒绝，说："赵匡胤，我们两人是朋友不假。但私交是私交，公事是公事，这些酒是公家的，我不能拿给你。如果你实在想喝，我可以花钱买酒给你喝。"

曹彬真的自己掏钱，买来酒给赵匡胤。后来赵匡胤当了皇帝，对臣属们说："前朝世宗时，所有的官员都曾有欺瞒主上的行为。只有曹彬，他公私分明，从未有亏职守。"

从此，赵匡胤视曹彬为心腹，把什么事情交给曹彬，他都绝对放心。因为赵匡胤信任的，是曹彬的人品。

05 爱惜生命，不可杀戮

赵匡胤做了皇帝。有次皇后对他说："陛下，你现在是天子啦，为什么不造顶黄金轿子，那出门多威风呀？"

赵匡胤失笑道："我这个皇帝，不过是替天下人守财。只可以以一人而奉天下，万不可以天下奉一人。如果行有差池，那我这个皇帝，就跟隋炀帝杨广没什么两样了。"

还有一次，赵匡胤的爱女穿了件翠襦入宫。赵匡胤对她说："女儿呀，你爹我是皇帝，你想穿什么样子的衣服，都能够满足。但有一桩，你这件衣服上有许多翠鸟羽毛，所以价值昂贵。你穿上了，许多仕女就会效仿，翠鸟的羽毛就会价格走高，猎人们就会不顾一切地捕杀翠鸟。就因为一件衣服，要伤害许多无辜的鸟儿。所以女儿，我想你肯定不会忍心伤害鸟儿，以后咱们就不要穿这种衣服了，好不好？"

宋太祖赵匡胤的这件事，与后来北宋理学的基本思想一致，爱惜生命，不事杀戮。

06 秘密武器

有个军校，向宋太祖赵匡胤献上个秘密武器。

这个秘密武器，叫手挝。实际上就是条手杖，外表看起来很普通，突然抽出来，里边却藏有一柄锋利的长剑。

军校说："陛下，这手杖你要随身携带，徜遇不测，可以保护自己。"

赵匡胤听了，哈哈大笑，说："等到我用这东西的时候，事态会严重到什么程度？真要到了那地步，这玩意儿还管用吗？"

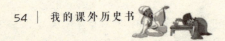

赵匡胤弃手挝而不用，这件事让人知道他作为一个君王的见识。

07 沉默是金

北宋初年，江东南唐有辩士徐铉，擅长在谈判桌上折服对手。当时天下无人可与之匹敌。

有一年，南唐派徐铉出使北宋。北宋闻知，人人丧胆，生怕自己在辩论时被徐铉打败，不仅自己丢人，还连累朝廷受辱。当时宰相赵普点将，问谁敢与徐铉舌战，竟然无人敢吭声。

宰相无奈，只好向宋太祖赵匡胤报告。

赵匡胤听了，说："这事好办，你出门问问，门外那些扫地、端马桶的人都叫什么，给朕列出十个人的名单。"

宰相出门，找了十个不识字的扫地工，问清楚名字，呈递上来。

赵匡胤御笔一挥，在第一个人的名字上画了圈："就他了，派他去迎战徐铉吧。"

"不是吧……"当时宰相就懵了，"陛下，这个人字都不认识，就是个扫地工，他能行吗？"

赵匡胤道："等他去了，你就知道了。"

那名扫地工立即被人拖了出来，换了一身华丽的官服，懵懵懂懂地去了。他完全不知道自己去干什么，更不知道自己的对手是天下第一辩士徐铉。

到了江边，双方会面。徐铉是有备而来，存心要露上一手，便走上前，大嘴一张，天上地下，古往今来，舌灿莲花，滔滔不绝地说了起来。

北宋这边的扫地工，根本听不懂徐铉在说些什么，只是茫然点头："啊，啊啊啊。"

徐铉一看："嗯，这家伙好深沉呀，我再来点更厉害的。"

徐铉继续进攻，尽展胸中才学。可是北宋扫地工听得更加糊涂，一味地点头："是是是，啊啊啊，你继续。"

继续？徐铉的非凡辩术施展出来，竟然落得这么个结果，他勃然大怒，继续展开更加凌厉的语言攻势。可是无论他说什么，北宋扫地工就一句话："好好好，继续，你继续。"

就这样，两人同行几天几夜。这几天里，徐铉不停地说，把自己一辈子的话都快要说完了，北宋扫地工只有一句话："你继续，继续。"徐铉的无双辩才，就好像碰到一堵棉花墙上，竟无丝毫反响。几天下来，他终于崩溃了。

等见到赵匡胤，徐铉已经说得舌头起泡，口吐白沫。所有他准备好的话题，都已经说过了，还要重复吗？他已经没有了力气，只好翻几个白眼，递交了国书，就怏怏打道回府了。

于是，北宋取得了一次重大的外交胜利。

这个故事，就是历史上有名的"以愚困智"。妙语是银，沉默才是金。很多情况下，沉默比妙语更有力量。

08 杯酒骗大钱

北宋初年，宋太祖赵匡胤杯酒释兵权。他在酒宴上劝说武将们放弃兵权，回乡做个土财主，武将们答应了。

但是赵匡胤发现，这些武将们在打仗时都捞了无数钱。于是他又举办了一次酒会，把武将们全都灌得烂醉，然后让武将们的儿子把他们的父亲搀扶回去。

这些武将们被搀扶走时，赵匡胤就对他们的儿子说："刚才你们的父亲在酒宴上承诺向朝廷捐献十万贯钱，我代朝廷谢谢你们了。"

第二天，武将们酒醒之后，听儿子说自己喝醉后答应捐钱，心里很是怀疑，可又不敢问，只好硬着头皮，把钱掏出来送到国家库府。

09 爱惜生命的李后主

"问君能有几多愁，恰似一江春水向东流。"这是南唐李后主的名句。

写出这样的千古佳句，是因为北宋出兵，灭亡了南唐，俘虏了李后主。

有人担心李后主会自杀，大将曹彬笑着说："你们没有注意到吗？李后主出城时，过一条水沟，害怕得要人搀扶着才敢过。这样爱惜自己性命的人，怎么可能会自杀呢？"

果如曹彬所说，李后主是个非常爱惜自己性命的才子皇帝，但他最终还是被宋太宗赵光义用牵机药毒死了。

10 杀人冤狱

北宋太宗赵光义即位的第一年，有个乞丐在京城一户有钱人家门口乞讨，因嫌给的钱少，就堵住富户家门破口大骂。正所谓光脚的不怕穿鞋的，富户虽然有钱，却害怕乞丐纠缠，一任乞丐辱骂，不敢回应。乞丐却越骂越来劲，围观的人也越来越多。

忽然之间，围观的人群中，跳出来个年轻的军官，他冲上前来，一刀劈死了乞丐，然后丢下刀跑掉了。

事发突然，围观人群全惊呆了，半晌才醒过神来，大喊大叫去官府报

案。官府衙役来勘查现场，抓走了富户，硬说是富户杀死了乞丐。富户辩解，就大刑伺候，最终富户受不了苦刑，被屈打成招。

官府把这件杀人案上报，一直报到了宋太宗赵光义的案头。

赵光义把判案的官员叫来，问："此案确实吗？"

官员回答："千真万确，在我们强大的攻心政策下，凶手已经认罪了。"

赵光义问："说富户是凶手，可有凶器？"

"有。"官员把现场捡到的刀呈上，"这就是富户用来杀乞丐的刀。"

赵光义把刀拿在手中，大吼一声："你这个王八蛋，竟然敢屈打成招，朕饶不了你。"

官员吓坏了："陛下，臣没有屈打成招，这里可是物证口供齐全，凶手自己也承认了啊。"

"承认个屁！"赵光义怒道，"这把刀是朕的。那天朕闲来无事，悄悄出宫，微服私访。途中见乞丐欺负富户，朕一时愤怒，冲出人群，拔刀杀了乞丐，丢下刀就跑回宫里来了。你们抓不到朕是正常的，可是竟然以酷刑拷打富户，强迫他替罪，这才令人忍无可忍。"

"啊？"官员惊呆了，"原来凶手是陛下！"

"哼，"赵光义说，"常听说你们这些官员无恶不作，屈枉平民，朕还不信，今天朕可是亲眼看到了。传旨，释放无罪的富户，把诬良为盗的官员抓起来，关入大牢。"

‖ 难得糊涂

北宋太宗时，有次朝廷欢宴，两名官员在宋太宗面前替自己表功，说着说着就吵了起来，吵着吵着就打了起来。负责礼仪的官员急忙将此二人拿

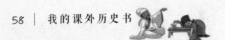

下，请太宗问罪。

宋太宗说："这个啊，等明天再说吧。"

到了第二天，百官纷纷上奏，要求严惩两名失仪官员。宋太宗听了，假装瞪大眼睛，惊讶地说："有这事吗？朕昨天喝多了，不知道呀。"

皇帝居然喝多了！这时候百官醒过神来，连皇帝自己都喝多了，官员喝醉了打个小架，也不算什么大事吧？

这事就这样算了。此后朝中诸官都知道宋太宗假称喝多，实际上是为了保护他们，做起事情来更加小心谨慎。不过是一时的"难得糊涂"，就换来了臣属们的效忠之心，这就是宋太宗极高明的统御之术。

12 写反诗做官

北宋仁宗，是出了名的宽厚皇帝。他在位时，有个书生写了首反诗，其中有一句："把断剑门烧栈道，西川别是一乾坤。"

当地知府知道此事，急忙把书生抓起来，诚惶诚恐地向仁宗奏报。

仁宗失笑道："这就是个不得志的老书生，想当官想迷了心窍。那就给他个司户参军什么的，让他进入体制。进了体制，他就没牢骚可发了。"

北宋治政，宽待士人，不事株连，更不兴文字狱，这是北宋历史上最具闪光点的。

第三节
东坡志林

01 东坡的忽悠大法

苏东坡任密郡通判时，当地有一伙士兵结伙入室杀人，犯案后逃之夭夭。

被伤害的百姓哭着来官衙告状。苏东坡接到状子，大怒，斥责告状百姓说："我们大宋的军队，个个都是铁打的英雄好汉，岂会干出入室杀人的勾当？这一定是你们自己弄错了，此状不准！"当场将告状百姓轰出衙门。

受害的百姓大骂苏东坡是个贪官，不为民做主。而那些杀人后逃走的士兵，听说了这消息，得意扬扬地回来了。可是他们刚回来，就被捕快们逮捕，押到了大堂上。上堂时他们还拼命挣扎，大声叫喊："大人，大人呐，你一定是弄错了。我们大宋的军人，个个都是铁骨铮铮的英雄好汉，怎么可能干坏事呢？"

苏东坡哈哈大笑："你们这些蠢货，还真把本官的忽悠当真了？如果本官不这么忽悠你们，你们自己会乖乖地送上门来吗？"

犯法的士兵们终于醒过神来了："敢情苏东坡大人，不光会吟诗作赋，忽悠起人来也有一套。罢了罢了，我们都是被你活活忽悠死的人。"

02 酒肉地狱

北宋大文豪苏东坡，为人率真坦诚，不管是乞丐还是高官，都能够与之平等结交。苏东坡在杭州做官的时候，因为朋友太多，天天宴请他，吃得他苦不堪言，就说："唉，天天吃吃喝喝应酬，真是太累了。这个杭州，纯粹是个酒肉地狱！"

"酒肉地狱"这个词不胫而走，迅速成为当时的流行语。许多官员听说杭州这么好，都眼巴巴地想调到杭州，大吃特吃。

后来苏东坡被调离杭州，一个叫袁谷的接替了他。袁谷这个人情商特别低，和任何人都相处不好。到杭州后，他一个朋友也没有，也没人宴请他。他感觉很寂寞，对人说："苏东坡不是说杭州是酒肉地狱吗？怎么我来了之后，地狱就空了呢？"

听了袁谷的话，人们哈哈大笑。

03 舌战王安石

王安石不仅是改革家，也喜欢研究学问。他写了本书，叫《字说》，解释每个字的由来。但由于他的研究非常主观，没有依据，苏东坡很不满，就来踢王安石的场子。

苏东坡问："老王，你在你的书中说，'笃'这个字，是指用竹鞭打马，因此用作赶车的象声词，这没错吧？"

"当然没错！"王安石理直气壮地说。

苏东坡质问："那么按你的逻辑，'笑'这个字，就是用竹鞭子打狗了？对不对？"

"应该……是对的！"王安石不太肯定地说。

苏东坡大吼："那你告诉我啊，用竹鞭子打狗，有什么可笑的？"

"啊……对呀，打个狗你笑什么呢？"王安石呆住了。

苏东坡继续问："我号东坡居士，请问我这个'坡'字是什么意思。"

王安石道："坡由土和皮两个字组成，所以坡是土之皮。"

苏东坡说："照你这逻辑，那滑字是由水和骨组成，滑就是水之骨了吗？"

"这个……"王安石彻底被问懵了。

后来，王安石就很少提及自己写的这本书了……

04 帮人逃税

北宋年间，苏东坡在钱塘任职。当地官吏抓到一个逃税的人，送到苏东坡这里来。

苏东坡审案，问："你是何人？"

逃税人回答道："我叫吴味道，是南剑州乡贡进士。"

苏东坡又问："读书人应该知法守法，你为何要偷逃国税？"

吴味道回答："我也是没办法。今年秋天我被举荐为乡贡进士，当地父老替我筹了十万钱，我把这些钱换成薄丝，便于携带。可是沿途关卡星罗棋布，每过一个关卡都要课以重税。照这么重的税收，等我到了京师，这些钱连一半都剩不下，所以我……"

苏东坡又问："你是如何逃税的？"

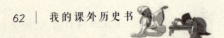

吴味道回答："我听人说，苏东坡名闻天下，人人景仰。如果在过往的货物上贴上苏东坡的标签，沿途关卡就不会收税。于是我就把自己的货物，全贴上了你的标签。谁料你就在这里任职，算我倒霉，栽在你的手里……"

苏东坡听了，哈哈大笑，说道："把你的文章拿过来，让我瞧瞧。"

吴味道把文章呈上，苏东坡看了一会儿，说："嗯，你的才学还可以。有这样的才学，货物上贴了我的标签，也理所应当。"

于是苏东坡下令，把吴味道的货物全拿过来，撕下旧封条，贴上自己亲手写的新封条，对吴味道说："现在，这些封条是我苏东坡亲手所写，所以你已经不是个骗子，而是个堂堂正正的读书人了。还有，我再给我京城的弟弟写封信，托他照顾你一下。"

吴味道千恩万谢，离开了杭州，前往京师。当年他金殿科举中了进士，还专程返回杭州，再次向苏东坡表示感谢。

05 教坏别人

司马光小时候玩耍时，有小伙伴跌入缸中，他急中生智，以石块砸烂缸，救出小伙伴。司马光砸缸的故事，尽人皆知。

司马光的家里，有个跟了他三十多年的老仆人，一直称呼司马光为秀才。有一天苏东坡来访，听老仆叫司马光秀才，苏东坡很惊奇，就说道："喂，你知道点规矩好不好？你家大人，三十年前是个普通秀才，现在已今非昔比了，你应该换个称呼。"

老仆问："请问苏学士，我应该如何称呼主人呢？"

"你要称他为大参相公。"苏东坡指点道。

等苏东坡走了，老仆果然改了口，称呼司马光大参相公。当时司马光很

吃惊，问："是谁教你这么称呼的？"

老仆回答："是苏学士啊。"

司马光叹息道："唉，一个好好的仆人，被苏东坡教坏了。"

第四节

荆公变法

01 不偏激

王安石变法，其中有一条，是裁减皇室宗亲的俸禄。消息传开，皇室宗亲纷纷赶来，在路上拦住王安石，有的哀求，有的说理，有的高声怒骂。

王安石生气了，怒视这些人，大声说："即使是开国皇帝的近亲，也要迁出天子的宗庙，另行祭祀，你们算个什么东西？凭什么俸禄只能增加，不能裁减？"

皇室宗亲听了，无言以对，怏怏退去。

当时的保守势力对王安石变法是非常不满的，听说了这件事，却一起拍手叫好，说："咦，王安石也有不偏激的时候呀。"

02 淘干梁山水

北宋王安石变法，想方设法增加国家财政收入，许多人跑来献计献策。

有人说："我有个好办法，能够增加良田万顷。"

王安石问："什么好办法？"

那人说："知道水泊梁山吗？水底的土壤肥沃极了。如果把梁山的水淘干，岂不是得到了万顷良田吗？"

王安石大喜："好，这个办法好……咦，可梁山的水那么多，淘出来放哪儿呢？"

于是，大家又开始苦思冥想："嗯，把梁山水泊的水淘出来，放在什么地方呢？"思路决定出路，终于有个人想出办法来了："这好办，只要再在梁山旁边挖个大池子，把梁山淘出来的水灌到池子里，问题不就解决了吗？"

王安石道："好，这个办法好……好个屁呀！花费人力给梁山搬了家，这不是劳民伤财吗？"

开发水泊梁山的动议，就这么算了。

03 改革就像小孩子

北宋老臣章得象，谈论变革时说："你看那小孩子，走起路来连跑带跳，你阻止不了他，直到撞到墙壁，'砰'的一声，撞得头破血流，他才会自己停下来。政务变革也是这个道理，不改就不改，一旦改起来，就无人能够阻止。只能坐看事态失控，直到朝政发生大的乱子，才会停止。所以呢，变革这种事，千万要缓，要慢。太急切是不会有好的结果的。"

第五节

先天下忧

01 范仲淹教你经济学

名臣范仲淹治理浙西，恰逢当地闹大饥荒。于是范仲淹鼓励百姓赛龙舟，他自己则天天在湖上宴饮。此外，他又大兴土木，扩建寺庙。

监管官员知道了这事，愤怒地弹劾范仲淹，说："范仲淹他不顾荒年财政困难，大兴土木，劳民伤财，理应严惩。"

范仲淹回答说："唉，你们这些做官员的，懂点经济学会死吗？荒年灾月，官府首先要做的就是刺激经济，要让没钱的老百姓，能从有钱人手中赚到钱。所以我才举办龙舟赛，大搞湖上宴饮。还有，我之所以下令扩建寺庙，就是为了加大基本建设投资，说明白了就是要以投资拉动经济呀。监察院那些没文化的蠢官，一听到大兴土木就破口大骂，却忘了如果没有社会投资，就没有资金流动，因赚不到钱而陷入绝境的百姓就越来越多。"

所以，不管是做人还是做官，懂点经济学，就会避免愚蠢之举。

02 用人不拘小节

范仲淹选拔人才时，特别注重人品与能力，而不拘泥于小节。许多被朝廷贬斥的官员，或职场的失意者，都在他这里受到重用。

有人很奇怪，就问他："你为何不用那些素有贤名的人呢？"

范仲淹回答："一个人如果有能力，又没有过失，自然会在朝廷上获得重用。而这些能力强，但小有过失的人，如果我不任用他们，他们或者会被永远埋没，或者会走上连他们都不希望的绝路。"

03 改变教育方法

范仲淹的外孙叫滕元发，他聪明绝顶，闻一知十，与就是年轻贪玩。

有一天，范仲淹看到滕元发又出去玩了，就生气地走进他的房间，秉烛读书，等滕元发回来。他这样做，是想以身作则，激起滕元发的羞辱之心，让他从此不再游玩，一门心思闭门读书。

范仲淹在滕元发的房间一直读到大半夜，才听见踉跄的脚步声，只见滕元发满身酒气、东倒西歪地进来了。范仲淹提高了声音，不理会滕元发。滕元发跌跌撞撞地走到范仲淹面前，拱手行礼，问："读的是什么书？"

范仲淹正色回答："《汉书》。"

"哦，"滕元发点点头，问，"汉高祖刘邦，他现在怎么样了？"

"刘邦他……"这句话可把范仲淹问住了，想回答竟不知从何说起。范仲淹呆怔半晌，竟然说不出话来，最后他放下书，尴尬地走出房间。

此后，范仲淹改变了教育方法，滕元发想玩就让他玩，只要求他学的时候专注投入，最终，滕元发也成为极有名气的儒臣。

第六节
群英荟萃

01 特工暗战

宋神宗时，开封人刘舜卿镇守雄州。有天夜里，关隘的钥匙被人偷走，役吏赶紧来报告。

刘舜卿立即明白过来，必是契丹那边的间谍偷走关隘钥匙，回去交差。于是他下令，换一把大锁，封锁钥匙丢失的消息。

没过多久，契丹那边派人把钥匙送回来，刘舜卿假装诧异地问："我这里根本就没丢过钥匙啊，不信你们来看看。"说罢，便拿那钥匙试了一下门锁，果然对不上型号。契丹人回去了，认准了间谍报告有诈，从此不再信任他。

不动声色之际，就废掉敌方特工人员，刘舜卿也算是特工战的高手了。

02 司马光拒收麒麟

北宋年间，交趾国进贡来一只怪兽，说是麒麟。朝廷不辨真假，就询问

司马光。

司马光说："麒麟这种瑞兽，听说过却谁也没见过。如果收下，最后发现这怪物根本不是麒麟，那国家就丢人了。可如果不收下，后来发现它真的是麒麟，那就更丢人了。"

收也不妥，不收也不妥，那应该怎么办呢？

司马光说："最好的办法是厚赏来使，让他再把怪兽带回去。如果这怪物真是麒麟，我们已经厚赏来使了，国家没有丢人。如果这东西不是麒麟，我们又让他们带回去了，也不会丢人。"

满朝文武听了，点头不迭，说："进可攻退可守，这就是老成谋国呀。"

03 心中无歌女

程颢程颐两兄弟，又称大程小程，都是北宋年间知名的道学家、易学家。有一次，兄弟二人去一个官员家里做客。酒宴之上，有个漂亮的歌妓起舞作歌。小程见了歌女，顿时拂袖而起，怒声说："不像话，太不像话了，我不能与你们这些自甘堕落的人同流合污。"说罢，就愤而退席了。

大程却举起酒杯，大声地称赞舞女的美姿，尽欢才休。

次日，愤怒的小程来找大程吵架："哥哥，你忘了圣人的教诲吗？昨天夜里，你怎么可以对美貌歌女垂涎三尺呢？"

大程严肃地回答："昨天，宴席上有舞女，而我心中一片澄明。今天，家里一片空明，你心里却装着舞女。"

小程目瞪口呆，半晌才说："哥哥，你的修养比我高得多了，我还要多多向你学习。"

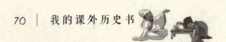

04　道学败兴

程颐是个道学先生，最是古板。他曾给年轻的皇帝担任侍讲。有天讲完课后，皇帝兴奋地跳起来，跑到栏杆边上，折下根柳条玩。

程颐看到了，板着脸过去说："陛下，春天是万物生长的季节，不可随意摧折。请陛下反思。"

"反思你个头啊！人家玩玩你还不让，真是没趣。"皇上气得把柳条扔掉，从此不喜欢这些道学夫子。

05　易学大师

邵康节，是北宋著名易学家，料事如神。

当时王安石正变法，朝中许多人反对。王安石的亲弟弟，也是变法的反对派。有一天，王安石的弟弟请朋友吃饭，也请了邵康节，但邵康节说："这场宴会肯定会打起来的，我还是不要去的好。"

果然，宴会上，主宾喝着喝着就打成了一团。他们打得很严重，甚至连皇帝都过问了此事。有人因此问邵康节："邵先生，你是怎么算出来这场宴会必然以打架收场的呢？"

邵康节回答："算个屁呀算，这事还用算吗？王安石变法，他弟弟却是保守派，请来的宾客也全是保守派。保守派喝酒，肯定会骂王安石，骂顺嘴了就会骂王安石他母亲。可王安石的母亲也是他弟弟的母亲，他能让你随便骂吗？他肯定会制止，结果必然是打起来。"

"哦，原来是这样。"问的人明白了，这就是人情练达即文章，世事洞明皆学问啊。

06 神探包青天

包公，名拯，字希仁，以善于治理刑案而闻名。民间传说他昼断阳，夜断阴，黑脸铁面无私，慧眼明察秋毫。

包公曾担任天长县县令，有个百姓来报案，说他家的耕牛不知被什么人割掉了舌头。包公接到状子，对百姓说："知道了，你现在回家，把耕牛宰杀了吃肉吧。"

"什么？"百姓大吃一惊。因为北宋年间，法律是不允许宰杀耕牛的。但包公说："你只管杀，这是本官允许的。"

百姓听了包公的话，就回家把耕牛宰杀了吃肉。另一个村民立即来包公这里报案："我要举报，有人违反法律，宰杀耕牛了。"

包公当即喝道："与我把这个告状的拿下！"

举报者不服："为什么拿我？"

包公道："国法明文规定，禁止宰杀耕牛。但你与宰牛的人有私怨，就偷偷割掉了他家耕牛的舌头。牛舌被割无法耕种，你无非强迫他宰杀耕牛，触犯刑律之后，你再来举报他而已。我有说错你吗？"

"果然是包公，连这都瞒不过你。"告状的人惊呆了，不由得折服于包公的神断。

07 宰相门楣

宋人李邦彦，字士美，做了宰相。但是他的父亲是银矿场的采石工人，这在当时算是出身不好，经常被同僚们讥笑。

李邦彦很烦恼，就回家向母亲诉说。母亲听了，回答道："孩子，宰相

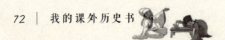

家的后人，如果做了矿工，这或许可以说上几句。但矿工出身的父亲，生下了做宰相的儿子，这是极光彩的事，你应该为此而自豪，而不是羞愧。"

听了母亲的话，李邦彦的腰杆一下子挺了起来。后人评述说，李邦彦母亲，可要比他这个做了宰相的儿子高明多了。

08 名将狄青

北宋时，为了防止士兵私逃，底层的士兵都要在脸上刺字。当时对某些罪犯的惩罚方式，就是流配边关当兵。所以北宋人以当兵为耻，瞧不起士兵。

名将狄青，是从一名小兵一步步打出来的，所以他的脸上有当兵时的刺字。当他成名之后，皇帝召见他，建议道："要不要朕替你推荐个名医，把你脸上的字消除？"

狄青回答说："不需要这样做。我留着脸上的字，就是为了激励战士，将相本无种，男人当自强。哪怕你只是个脸上刺字的小兵，但只要忠诚于国，勇敢作战，也会有显达的那一天。"

第七节

靖康耻帝

01 帝王狂想曲

北宋亡国皇帝宋徽宗，是有名的耻辱帝王。他行事轻佻，喜欢臆测，导致金兵入侵，自己也被掳走，囚死于五国城。

徽宗在位时，有段时间想入非非，妄想自己是天上的神仙。他的妄想症被个江湖骗子林灵素发现了，于是林灵素飘然入京师，自称天上的仙人，前来诈骗宋徽宗。

宋徽宗闻知仙人入京，立即召见林灵素。见到宋徽宗后，林灵素大大咧咧地打了声招呼："嗨，好久不见，兄弟你在凡间做皇帝还习惯吧？"

宋徽宗鼓着两只牛眼，问道："咦，你什么时候见过朕？"

林灵素若无其事地回答："其实咱俩也不是太熟，就是有一次玉皇大帝设宴，我赴宴时和你远远地点了个头，点头交情而已。"

听了林灵素的胡言乱语，大臣们都以为宋徽宗会龙颜大怒，把林灵素拖下去斩了。可是，宋徽宗竟然脱口冒出一句："记得那次你骑着青牛，你的青牛呢？"

林灵素偷乐，心想这白痴皇帝，果然是妄想症发作了，就回答说："你问我当年骑的青牛啊，暂时在海外放牧呢，过段时间它自己会找来的。"

林灵素这是就坡下驴，借宋徽宗的权威，假充自己是骑青牛的太上老君。过了段时间，高丽国恰好进贡一头青牛，这下子林灵素弄假成真，人们真的以为他是太上老君下凡尘。但是不久金兵打来，这个傻子跟骗子的故事，就再也持续不下去了。

02 皇帝大逃亡

宋徽宗昏聩无德，导致金兵入侵。金兵打来时，徽宗皇帝吓坏了，立即让位于儿子宋钦宗。他自己上了马车，驾车狂逃出京，一路向南方逃窜。

逃到半路上，宋徽宗又渴又饿，看到路边有个卖茶水的老太太，就停下喝茶。老太太问他："这位客官，您贵姓？是做什么生意的呀？"

宋徽宗回答："我姓赵，在京师担任重要公职。现在我退休了，大儿子接了我的班。"

这段问答，让宋徽宗千秋万代沦为笑柄。

03 欺负奸臣

蔡京是宋徽宗时的大权奸，但此人又是个书法高手，是北宋四大书法家之一。

有一次，蔡京的大儿子蔡攸去真州，遇到了另一位大书法家米芾。蔡攸为了炫耀，故意拿出收藏的王羲之名帖《王略帖》给米芾看。名帖对于书法家的诱惑，是无法抵挡的。见了王羲之的书帖，米芾顿如五爪搔心，酥痒难耐。

于是，米芾开口道："把王羲之的书帖给我吧，我拿别的书画跟你换。"

蔡攸摇头道："不是我说你，你全部家当加在一起，也抵不了这幅书帖上的一个字。拿过来还给我。"

米芾急了，干脆抱着字帖退到船边，说："这幅字帖，我要定了。你如果不给我，我就抱着字帖投水自尽。你把我逼死了，还失去了字帖，你自己寻思寻思，这划算吗？"

蔡攸大怒："米芾，你可是天下名士，不带这样不要脸的。"

米芾把头一扬："我命都不要了，还要脸干什么？你到底给不给？不给我现在就跳。"眼见米芾真要跳水自尽，蔡攸急了，脱口喊出："给给给。"米芾得逞，哈哈大笑，立即跳下船跑掉了。

蔡攸追了几步，怒声道："我们父子明明是大奸臣，怎么被这家伙欺负了呢？"

第八节
忠奸分明

01 千古第一名将

明人冯梦龙点评岳飞，称："岳飞擅长以寡击众。曾以八百人破贼人王善五十万人于南熏门，也曾以八千士兵在桂岭大破曹成的十万大军。"如此悬殊的军力对比，而能够完胜，这是古往今来独有的。

岳飞军令严明，但以诚待兵，曾有士兵因偷取百姓一束麻而被斩首。之后岳飞行军，百姓打开门请军士入屋住宿，却没有士兵敢于接受百姓的接待。冻死不拆屋，饿死不劫掳。金兵闻岳家军之名而丧胆，相互说："撼山易，撼岳家军难。"

02 机心莫测

南宋高宗年间，秦桧当权，杀害岳飞，残害忠良。

秦桧能够抓住权力，是因为他异常奸诈。他当权时，曾有个读书人伪造了秦桧的书信，拿去见扬州太守，企图行骗。结果被太守识破，骗子被抓了

起来，押回临安，交给秦桧发落。

秦桧下令，给这个骗子一个官做。

人们很不理解，就问秦桧为何不惩罚骗子，却让骗子做官。秦桧回答说："这个书生，竟然有胆子伪造我的书信，可见他不是个普通人。这样的人物，如果不用个官位套住他，他说不定会投奔金国。此人在我们南宋，可能只是个小骗子，可如果到了金国，就会成为天大的祸患。"

03 奸诈无匹

秦桧奸诈精明，人们对他防不胜防。他为宰相时，府院里有株石榴树。秦桧知道，府中肯定会有家丁下人偷吃石榴，于是他就趁人不注意时，偷偷地把石榴的数目查清楚记下来。

过了几天，果然有几个石榴被人偷摘了。

秦桧也不作声，只是声称检阅马匹。正当家丁忙碌时，他突然说："拿斧子来，把这株石榴树砍了。"

一名家丁急忙劝道："这棵石榴树结的果实很甜的，砍掉就可惜了。"

秦桧冷声笑道："哈哈哈，原来那个偷石榴的贼就是你呀。如果你没有偷吃，怎么会知道石榴很甜呢？"家丁目瞪口呆，只好承认是自己偷了石榴。

秦桧被称为小人，就是因为他的心思全都用在非常小的地方。所以秦桧虽然有点小聪明，但终其一生不过是个奸恶之徒。

04 金兀术义释美女

南宋时，民族英雄岳飞在战场上主要的对手，是金兀术。

金兀术善于打仗，但很任性。有一次他外出时，看到一个女子极美，打

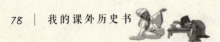

听得知，这美女是他麾下一个小兵的妻子。于是金兀术找了个借口，声称小兵作战不利，把小兵杀掉了。

然后，金兀术就把小兵的美貌妻子抢到了自己的营帐中。

到了晚上，金兀术入帐而来，叫道："美人，现在你跟了我金兀术，一定很开心吧？"

女人羞涩地说："谢大王厚爱，如果不是大王除了我那窝囊货丈夫，我怎么有机会和威武的大王在一起？"

金兀术心花怒放："哈哈哈，就知道美人聪明，果然不负我的一番苦心……"口中说着，金兀术就开始脱衣服。忽听耳边一道风声，他猛然一惊，就地一滚，惊抬头，正见那名女子手持一柄寒光闪烁的利刃，再一次向他刺来。金兀术终究是一代名将，侧身闪过，一把抓住女人的手腕："大胆，竟敢刺杀首长，你不要命了？"

女人厉叱道："狗屁首长，你不过是个杀了我丈夫的荒淫之徒！"

金兀术老脸一红："你居然不爱我，还想杀我，就不怕我治你死罪吗？"

女人冷笑："死又何惧？恨只恨我是个女人，杀不了你这个畜生！"

金兀术问："你非杀我不可吗？"

女人道："若有命在，必报杀夫之仇。"

金兀术问："能不能商量商量？"

女人叱道："杀夫之仇，不共戴天，有什么好商量的？"

金兀术道："杀你丈夫，是我不对。不过……都怪你长得太漂亮，让我一时昏了头。事情已经这样了，你如果一定要报仇，那只会便宜了我们的敌国南宋。如果我再赔你一个丈夫，你可不可以放弃复仇的念头？"

女人问："怎么赔我个丈夫？"

金兀术道："这个嘛，我把我麾下还没娶妻的将领全部叫来，你在他们

之中挑一个，如果他也喜欢你，你们两个就在一起，你看如何？"

女人道："这个……这样好吗？"

金兀术道："这是没办法的办法。反正你杀不了我，我也不可能因为你的义烈而伤害你，不如我们各退一步。"

女人被说服了。金兀术果然把他帐下未娶妻的将领全部叫来，让女人躲在纱帐后挑选，女人挑中了一个身材雄健、样貌不错的。金兀术让他和女人见了面，两人果然能谈得来，于是成了亲。

后人评述说，金兀术果然是盖世英雄，他虽然做错了事，但能够真心悔改，而且他将这件事转化成一次成功的公关，消弭了女子的复仇之心，又换得了将领的忠诚，难怪他成为岳飞的对手，与民族英雄岳飞一起名存青史。

05 谁是汉奸

南宋年间，岳家军于朱仙镇抗金，大破金兀术的拐子马与铁浮屠，杀得金兵尸横遍野，血流成河。

领教了岳家军的厉害，金兀术已是心胆俱裂，当即下令放弃汴京，逃回北方。正当他准备起行时，一个少年书生拦在他的马前，叫道："四太子不要走。"

金兀术恼火地说："不走？不走就死定了，岳飞只以五百骑兵，就把我十万大军打得落花流水。我如果不走，必死无疑。"

就听那少年书生道："岳飞厉害是不假，但他马上就会撤军的。四太子你如果放弃汴京，将来必定会后悔不迭。"

金兀术急问："你怎么知道岳飞肯定会撤军？"

少年书生笑道："自古以来，没听说过擅权的臣子在朝，而大将能在外

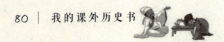

建功立业的。现在秦桧盘踞朝中，岳飞他性命尚且不保，哪还有建功立业的可能？"

金兀术道："你说得很有道理，那我就晚走几天，留下来再看看。"

果然，岳飞击败金兀术，正要乘胜进军，却不料十二道催命金牌络绎不绝而至。岳飞悲愤之下，仰天长叹："十年之功，废于一旦，社稷江山，无由再复！"

绝望的岳飞返回江南，不久就被宋高宗、秦桧冤杀于风波亭。从此，南宋彻底丧失了收复故土的机会。

而那名书生之所以肯为金兀术献计，也是因为朝中有个秦桧。一个大权在手的奸人，会害死无数像岳飞一样的忠臣，也会迫得智慧之人出逃，为敌国效力。所以说，唯权奸，才是最大的汉奸。

第九节

江湖豪侠

01 辛弃疾借瓦

南宋爱国主义诗人辛弃疾，曾经在长安城中居住。

他想在后花园里搭一座塔楼，好欣赏中秋的圆月。但当辛弃疾想这样做的时候，已经是八月初了，于是他询问工匠是否能如期完工。

工匠回答："塔楼在中秋前完工是没问题的。麻烦的只是塔顶的瓦片数量不够，而且绝不可能在中秋前运到。"

辛弃疾道："这事好办，你尽管开工就是了。"

工匠怀疑地说："塔楼开工没问题，可就算你文武双全，恐怕也不可能变出瓦片来吧？"

辛弃疾笑道："你忘了我是专门研究军事作战的吗？草船借箭听说过没有？只要按照战争的规律来办，到时候保证瓦片充足有余。"

"可咱们这是盖楼，不是打仗啊。"工匠说什么也无法理解，但辛弃疾已经吩咐过了，他只好立即开工。

眨眼工夫到了八月十四，塔楼已经建好，单缺瓦片。于是，工匠来找辛弃疾："我的塔楼已经建好，你的瓦片在哪里？"

辛弃疾笑道："莫急莫急，瓦片马上就到。"

就见辛弃疾拿过来一张纸，在上面写道："本人盖有塔楼一座，独缺瓦片。现告之四方乡邻，有愿意送来二十片瓦者，给钱一百文。"

告示写好，辛弃疾命家人贴在门口。不一会儿，就有人捧着瓦片进来，辛弃疾立即付钱。紧接着，就见门外络绎不绝，许多百姓捧着瓦片登门，辛弃疾一边付钱，一边让工匠计算瓦片数量。等到工匠说够了时，辛弃疾立即再写一张告示贴到大门上："瓦片已足，恕不再收。"

这边工匠急忙登楼，一会儿工夫，就把塔楼完全盖好了。

工匠感叹道："昔有诸葛亮草船借箭，今有辛弃疾万民借瓦。唉，可惜朝廷偏安，不敢重用你，让你的满腹才学和志向付诸东流啊。"

02 豪气干云

诗人辛弃疾寄居江南时，仍不改豪侠本色。

有一天，辛弃疾正在楼上喝酒，忽见路上跑来一匹快马。马上人满面风尘，外表粗豪，分明是惯走江湖的豪侠之士。辛弃疾就留了心，仔细观看。

那客人纵马而来，到了一座桥前，坐下马胆小，不敢过桥。豪客策马三次，那马却向后退了三次。就见那豪客大怒，当场拔剑在手，一剑砍下马头，然后手提滴血的长剑，大踏步向酒楼走来。

当时辛弃疾就震惊了，急忙迎上前，询问豪客姓名，才知道来者是江湖上极有名气的侠士陈同甫。于是两人惺惺相惜，结为好友。十多年后，辛弃疾已经成为江淮地带有名的将帅，但陈同甫仍然在江湖上落魄无名，没混出名堂。

有一天，陈同甫突然来访，辛弃疾与他一醉方休，彻夜长谈。酒喝多了，辛弃疾就有点管不住自己的舌头。他展开地图，对陈同甫讲述他的军事策略。他说如果南宋愿意用他，他将如何如何收复江山；南宋对阵金朝，又存在哪些致命的弱点。这不过是酒后醉语，但在当时，是极犯忌讳的。

讲得意兴阑珊，酒劲上来，辛弃疾脑袋一歪，栽在榻上呼呼睡过去了。可是陈同甫不敢睡，他知道，辛弃疾这一次说出了平时不敢说也不能说的肺腑之言。这些话传到皇帝耳朵里，必然引来一场大祸。而这就意味着，一会儿辛弃疾酒劲过去，很可能会杀他灭口。

于是陈同甫悄悄溜出来，骑上辛弃疾的战马逃跑了。

辛弃疾睡到半夜，果然清醒过来，急忙寻找陈同甫，发现他骑走了自己的马，气得咬牙跺脚。

此后，陈同甫写来封信，向辛弃疾借钱。信中透露了一点点辛弃疾说过的话，辛弃疾哭笑不得，只好如数给他。

第十节

末路权奸

01 奸臣管理学

南宋末年，贾似道擅权，他被称为史上少有的大奸臣。但是这个大奸臣，做起事情来很有一套。

有一天，贾似道正在府中饮茶，忽然有人来报："太庙发生了火灾。"

太庙，是用来祭祀皇家列祖，摆放当朝历任皇帝灵牌的地方，实属皇家重地。太庙失火，是非常严重的大事。

于是贾似道立即上轿，由四名大力士手持锥剑，沿途护送他去指挥救火。每行一里多路，就更换轿夫，以便加快速度。不长时间贾似道就到了火灾现场，眼见大火已经失去控制，救火的将领上前禀报，请贾似道转移到安全的地方。

贾似道阴沉着一张脸，冷冰冰地说了一句话："如果太庙被焚，就斩殿帅问罪。"

殿帅一听，顿时急了，立即带人冲入火场。不长时间，那失去控制的大火，神奇地被扑灭了。

这件事，连最憎恨贾似道的人，都不得不承认，贾似道很懂管理学。他知道，抓住解决问题的关键人物，就抓住了问题的关键。

02 被踩死的大权奸

南宋灭国，直接责任人是贾似道。此人欺上瞒下，封锁消息，导致南宋王朝陷入不可逆转的绝境。

临灭国前，贾似道终于被充军发配，押送他的官员名叫郑虎臣。

路上，郑虎臣严词诘问贾似道，直斥他权奸误国，要求贾似道自杀。

贾似道断然拒绝了郑虎臣让他自杀的要求，说："谁爱自杀谁自杀，反正老子不自杀，这花花世界滚滚红尘鸳鸯蝴蝶，我还没玩够呢。"

"你还想玩？"郑虎臣气得半死，就趁贾似道去厕所的时候，跟了进去，抓住贾似道用力往地上蹾，"我叫你玩，叫你玩，看你还玩不玩！"

贾似道就这样被踩死在臭气熏天的厕所里。他虽然死了，但南宋帝国已经没机会翻身了。

第三章

第二章　苍凉地带的权力单元

辽　（907~1125年）

916年，辽太祖耶律阿保机统一契丹各部，建立契丹国。

947年，辽太宗契丹国主耶律德光灭后晋，称帝，改国号"大辽"。

982年，辽圣宗继位，萧太后摄政，与北宋订"澶渊之盟"。

1125年，金灭辽。

西夏　（1038年—1227年）

1038年，党项族首领元昊称帝，国号"大夏"，史称"西夏"。

1044年，宋、夏议和。

1227年，蒙古灭西夏。

元　（1271~1368年）

1206年，铁木真建立大蒙古国，他被尊称为"成吉思汗"。

1227年，蒙古灭西夏。

1234年，蒙古灭金。

1260年，忽必烈即汗位。

1271年，忽必烈改国号为"大元"，是为元世祖。

约1271年，马可·波罗来华。

1279年，崖山海战，元朝统一中国。

1283年，文天祥被杀。

1351年，爆发红巾军起义。

第一节
辽夏之风

01 人才难得

辽太祖耶律阿保机时，幽州刘守光派去个小官，名叫韩延徽，与辽人接洽。当时辽人气焰极盛，但韩延徽立而不跪，耶律阿保机大怒，把韩延徽扣留，押去牧马。

皇后述津平对耶律阿保机说："今天来的这个人，不畏权势，立而不跪，这是有才干的名臣才有的风范，你应该重用他。"

耶律阿保机立即把韩延徽召回来，与之交谈，发现韩延徽果然有才干，于是他就任命韩延徽为自己的谋士。韩延徽为耶律阿保机连出奇策，然后说："他赏识我，我以奇策报之，可以了。现在是我逃归故国的时候了。"

于是韩延徽逃回国，但回来后，受地方官排挤，而且有生命危险。韩延徽无奈地说："难道我只能重返契丹了吗？"

朋友急忙劝他："你活腻了吗？你刚刚从契丹逃回，如果再回去的话，必然会被杀掉。"

韩延徽失笑道："契丹人失去我，如同失去左右手，我回去，他们必然

欢欣雀跃。"

韩延徽重归契丹，耶律阿保机果然欢欣鼓舞，不计前嫌，再次委以重任。此后韩延徽成为契丹重要人物，历经三朝，死后葬于幽州，人称崇文令公。

02 砍柴者说

辽太祖耶律阿保机有三个儿子。

有一年天寒地冻，耶律阿保机忽然叫三个儿子去砍柴。三个儿子出发了。二儿子叫耶律德光，他进山之后，随意砍了些木柴，第一个回来了。大儿子叫耶律倍，他精心挑选了些干柴，捆得整整齐齐，第二个回来了。三儿子叫耶律李胡，他进山晃了好久，才砍了些木柴回来，木柴捆得七扭八歪，一多半丢在路上了。

检查过三个儿子砍来的木柴，耶律阿保机评价说："老大灵巧，老二敏捷，至于老三嘛，这辈子不能指望他有什么出息了。"

03 逃奔无地

辽太祖耶律阿保机死后，太子耶律倍被掌握了兵权的弟弟耶律德光架空，不得已让出皇位。

耶律德光即位，史称辽太宗。他对让出皇位的大哥充满戒心，秘密派了许多卫士监视他。老大耶律倍很伤感，说："我为了国家，连皇位都让出来了，可是我弟弟却如此猜忌我。既然如此，我还不如……叛逃算了。"

于是，耶律倍写了首诗："小山压大山，大山全无力。羞见故乡人，从

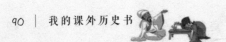

此投外国。"

耶律倍逃到后唐，改名换姓，取名叫李赞华。但他万万没想到，后唐帝国很快就灭亡了。灭国之前，末帝李从珂放火烧宫，要求李赞华跟他一道跳进火中自焚，李赞华说什么也不干，最后被李从珂下令杀掉了。

04 恶报临门

辽穆宗残忍嗜杀，每天都要找点小借口杀掉身边的人。他也知道自己滥杀无辜，就对大臣们哭着说："我就是脾气暴烈了点，正义感太强，遇到目无君父的鼠辈，必杀之。但我有时候发火失控，难免殃及无辜，如果出现这种情况，你们必须要劝阻我。"

这样一来，辽穆宗就等于给大臣们挖了个死亡之坑。他杀人时，如果你敢劝他，你就是无君无父之鼠辈，他正好杀了你。而如果你不劝他，等一会儿他又指责你不阻止他滥杀无辜，此举更是不忠君主，更有理由杀掉。

就这样，辽穆宗每天杀来杀去，劝他要杀，不劝他也要杀，终于激得天怒人怨。有一天他睡着之后，一群愤怒的仆人持刀冲入，将他剁为肉泥。

后人评价说："辽穆宗之死，是恶有恶报，罪有应得。"

05 预断十年

北宋仁宗时，西夏崛起，河西党项族首领李元昊称帝。仁宗急召大臣，询问边关守备情形。大臣们回答不出来，仁宗大怒，当即将枢密院四名重臣免官。

被免去官职的大臣中，有个叫王鬷的，他被贬到虢州。

临行之前，朋友送他上路，劝他说："边关突变，虽然被贬斥，但这事也不能怪你，你没必要如此自责。"

王曙叹息道："你们不懂，十年前就有人告诉我会遭遇贬官之事了。"

朋友问："十年前就知道今天的事？这人是谁呀？莫非是江湖术士？"

王曙回答："预言今天事情的，不是什么江湖术士，而是我朝名将曹玮。十年前，我担任三司盐铁副使，到河北判决囚犯，遇到了名将曹玮。曹玮对我说：'你的能力很强，品行端正，做人处事温和老道。十年后，你必然入京，不是枢密使也会是边关将帅。但你能不能当上宰相，取决于你是否能够认识十年后的对手。'"

王曙继续说道："当时曹玮对我说：'你十年后的对手，现在还是个孩子，他是河西党项族首领李德明的儿子。我听说李德明因为马市交易利润微薄，要杀掉手下人，被这孩子劝阻，他说为了几个钱而杀掉手下人，以后谁还肯替我们效力？我听说了此事，心想这孩子年纪这么小，就懂得任人用人，长大后必有非凡成就。所以我当时想把这孩子引诱出来，但这孩子极为警觉，始终无法办到。无奈之下，我只好找了个善画像的人，让他把这孩子的容貌画出来。看这孩子的外貌，我敢断定，他长大之后，必是我大宋边关大患。我算计时间，等到你成为朝中重臣，这个孩子也恰好长大成人，大显身手了。所以你要留心，以免十年后没有准备，吃了这孩子的亏。'"

王曙讲完，朋友困惑地问："曹玮说的那个党项族孩子，是谁呀？"

王曙长叹道："那孩子，就是扰乱我大宋边关的西夏元昊啊！只可惜我这个猪脑壳，竟然把曹玮告诉我的话全给忘了。如今元昊长大成人，皇上问起来，我竟然一无所知。唉，没有出息的我，辜负了曹玮的信任啊！"

第二节

金朝旧事

01 拒绝跳舞

辽国最后一任皇帝，是天祚帝耶律延禧。他每年都要到松花江钓鱼，如果钓到大鱼，就召集各部落首领，举办盛大的鱼头宴。

1112年，天祚帝在松花江钓到一条大鲤鱼，就兴高采烈地举办鱼头宴，女真部落首领完颜阿骨打也前来参加宴会。

宴会上，天祚帝喝得高兴，就命令各部落首领全部站起来起舞助兴。首领们都起来载歌载舞，只有完颜阿骨打冷冰冰地坐在座位上不理不睬。

天祚帝火了，怒道："完颜阿骨打，你竟然违旨，不要命了吗？"

完颜阿骨打一笑："抱歉，陛下，我是个粗人，只会打仗，不会跳舞。"

天祚帝怒极，当场就要杀掉完颜阿骨打，却被旁边的大臣劝道："陛下，今天是高兴的日子，没必要搞得血溅满堂吧？阿骨打不过是个不懂规矩的蠢汉，何况他又没犯什么大错，就是不会跳舞而已。若是陛下杀了他，只恐其他部落生出异心，反为不美。"

经此一劝，天祚帝就打消了杀害完颜阿骨打的念头。但他万万没想到，没过多久，完颜阿骨打就率女真战士杀来，灭亡了辽国，建立了金王朝。

02 龌龊愿景

金太祖完颜阿骨打有个孙子，叫完颜亮。

完颜亮其人，精明果敢，心狠手辣，手下还有许多阴险凶悍的助手。他对帝位垂涎三尺，曾经对亲信说："我平生有三大志向：第一，国家政务由我一个人决断；第二，率领大军攻占邻国，让邻国国君跪在我脚下认罪；第三，要让天下所有美丽的女子，都成为我的妻子。"

为了实现他的三大梦想，他率手下亲信，于一天深夜潜入宫中，突然杀入金熙宗的卧房，把金熙宗按住乱刀戳死，夺取了政权，迈出了实现人生梦想的第一步。

03 多情自大狂

完颜亮当上皇帝之后，就开始纵情声色，寻欢逐乐。

他有个堂妹，叫莎里古真，美貌无双，国色天香。完颜亮对她垂涎已久，但莎里古真已经有个丈夫，是个皇宫侍卫。

于是完颜就故意安排莎里古真的丈夫加班，命令他不得擅离职守。完颜亮自己跑出宫，去找莎里古真。可是没想到，莎里古真却不在家，完颜亮扑了个空。

咦，真是奇怪，莎里古真一个美女，大半夜的不在家里，去什么地方了呢？好奇的完颜亮，就展开秘密调查。没多久，调查结果出来，原来莎里古

 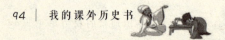

真早就有了情人，她趁丈夫宫中当值，就跑出去与情人幽会。

发现这件事，完颜亮气得浑身颤抖，斥责莎里古真："你要找情人，品位得有吧？不能捡到篮子里就是菜吧？你要喜欢官大的，这世上还有比我更大的官吗？你要喜欢有本事的，这世上还有比我更有本事的吗？你要喜欢有情趣的，这世上还有谁比我更有情趣？"

说到最后，完颜亮感觉自己好委屈，竟然悲愤地落下泪来。莎里古真吓坏了，生怕他杀了自己，也哭了起来。

看到莎里古真哭了，完颜亮顿时不忍心，急忙反过来安慰她："好了好了，你别怕，我就是气不过，才说你几句。我也不是反对你找情人，我是怕你找的情人太差，让人家笑话。"

其实，完颜亮不过是个普通人而已，但他篡位称帝，就以为自己是天底下最有本事、最有情趣的男人。这种到了病态的自大，让他沦为千秋笑柄。

04 禁宫大偷情

金主完颜亮，是史上有名的荒淫之君。他纵欲无度，导致上行下效，宫中的嫔妃，也各自想办法偷情。

当时的皇宫，防范极严，不仅是男子严禁进入，就连嫔妃进出的衣物，都要由卫士仔细地盘查。于是有个叫定哥的妃子，想出一条绝妙计策。

定哥先派人在宫外买了许多女人的内衣，装入箱笼，然后抬入宫来。宫门的卫士拦住，要求搜查，定哥就假意苦苦哀求，装出慌乱的模样，这更引发了卫士的疑心，他们当场将箱笼打开。

打开箱笼，露出里边的内衣。定哥立即捂住脸，哭哭啼啼地倾诉道："陛下呀，不是奴婢对你不忠，是你的宫卫，他心怀恶意，存心不良，非要

打开箱笼，看奴婢的内衣。奴婢的内衣被人看了去，已经无颜存活于世了。待奴婢把情形报告给陛下，就自行了断。"

"别别别，"宫卫吓坏了，连连磕头央求，"小人知罪了，以后再也不敢了，真的不敢了，求娘娘千万不要报告给陛下，千万不要啊。"

经此一吓，此后宫卫再也不敢检查定哥入宫的箱笼了。定哥趁机让自己的情人钻入笼中，就这样进入宫中，与她相逢了。

05 保身有术

海陵王完颜亮残忍嗜杀，许多大臣都遭了他的毒手，唯有一个完颜昂安然无恙。此人呆呆笨笨，只有见到美酒时，才会两眼发亮，而且他喝起酒来，根本没有节制，喝醉了就满地打滚，丢人现眼。海陵王认为他是个无能之辈，根本不把他放在眼里。

完颜亮南下侵宋，完颜昂跟随在侧。途中士兵叛乱，杀死了海陵王完颜亮，完颜昂袖手旁观。暴君死后，人们纷纷摆酒欢宴，都以为完颜昂又会像以前那样，灌得酩酊大醉。却不料，这时候的完颜昂好像换了个人，眼光明亮，滴酒不沾。

人们问他："完颜昂，你不是喜欢喝酒吗？怎么今天改了性子？"

完颜昂冷笑："我岂是念杯嗜酒之人？只是因为海陵王妒贤嫉能，杀戮无算，我若不是借酒掩饰，韬光养晦，恐怕早就遭了他的毒手。"

直到这时，人们才发现，完颜昂实乃有大智慧之人。他就像孔子所教诲的那样，政治清明时，他能够青云直上，实现自己的人生愿望；政治混乱时，他能够保持节操，又不至于丢掉性命。

06 击败岳飞

完颜昂是金国有勇有谋的名将，曾多次与抗金英雄岳飞较量。

1139年，有一支军队打着岳飞的旗号，拥兵十万进逼东平。守将完颜昂，手下只有五千老弱病残，仓促应战。

于是完颜昂下令，在城外的树林中，竖起无数面金国战旗，使宋军摸不透东平的虚实，对峙多日，不敢进击。等到宋军粮尽退兵，完颜亮立即率军追杀。

完颜昂追击到一条河边，下令安营扎寨。夜半时分，他突然下令拔寨北撤。将士们大为不满，纷纷抱怨说："军士们追击宋军一整天，踩着泥泞前行，此时又累又饿，大半夜的又发神经后撤，实在是难为人了。"

完颜昂回答道："我为三军之帅，下令后撤，谁敢不从？现在我亲自擂鼓，等到鼓声停止，谁还迟疑不走，立斩。"

于是金兵们一边骂着完颜昂的亲娘，一边跌跌撞撞向北方撤走。正行之际，忽听得杀声大震，惊回头，原来是宋军偷营来了。可是完颜昂棋高一筹，先行退走，让宋军扑了个空。

此役过后，宋军惊心，而金国的将士对完颜昂敬佩有加，他们问完颜昂："将军，你是如何料定敌军会来劫营的呢？"

完颜昂笑着回答："宋军势众，我军力寡。但宋军仓皇逃退，分明是引诱我军追击。而当日扎营之时，我军处于地势不利的下游，这是天然的劫营机会，我知道宋军不会错过，所以故意摆了他们一道。"

还有一次，有支十万之众的宋军，打着岳飞的旗号，包围了邳州。此时城中只有一千多名金兵，守将惊恐之下，向完颜昂求助。

完颜昂指点道："邳州西南角，有条一丈深的沟，赶紧把这条沟填上，

宋军必然心惊而撤。"

邳州守将立即按完颜昂的吩咐行事，将那条深沟填实。宋军来后，立即冲向这条沟，准备从这里挖地道入城。见沟已经填上，宋军顿时大惊，说："金兵那边，必有料事如神的异人，我等不是对手，不如退兵。"

东平与邳州之战，宋军打的是岳飞旗号，所以完颜昂就有了两次击败名将岳飞的非凡经历。但实际上，当时岳飞并不在这一带，只因为他用兵如神，所以当时的宋兵，都喜欢打着岳飞的战旗，借以惊退金兵。

07 蠢帝之死

金章宗，是金国历任皇帝中最有才学的。但他的儿子太不争气，一个个死得太早。等到金章宗晚年，六个儿子竟然全死光了。

无奈之下，金章宗只好挑选了皇族中的卫绍王，让他当皇帝。之所以选择卫绍王，是因为他脑子不清楚，有点迷迷糊糊，总之智商严重不靠谱。

卫绍王登基后，金国官吏诏告天下。正在大草原上的蒙古部落首领铁木真听了这个消息，无比惊讶，说："卫绍王那个呆货，他也能当皇上吗？这种蠢人当上皇帝，我看你们金国没几天活头了。"

成吉思汗铁木真起兵，向金国展开进攻。卫绍王派了亲信胡沙虎，率兵抵抗蒙古军。但胡沙虎同样不看好卫绍王的智商，他掌握军权之后，就分三路向国都进攻，火焚皇都，杀死了蠢货皇帝卫绍王。

第三节
大汗雄风

01 荒蛮抢亲

也速该，是草原上的一条猛汉。一天，他带两个人外出打猎，在斡难河畔，看到一辆马车。马车上坐着一对夫妻，那女子生得容貌动人，体态丰满。

于是也速该悄悄跟上去，途中，他下马观察马车上女人留下的尿痕，叹息说："这是一个很好的女人，她应该成为我的妻子才对。"

于是也速该率两名手下追上去，向马车上的夫妻展开进攻。那女子知道无处可逃，就哭着脱下自己身上的衣服，交给丈夫，说："天下的女人有的是，不要因为我，丢了你的性命。你拿着我的衣服作纪念，赶紧逃命去吧。"

女人的丈夫大哭着逃走，也速该冲上来，宣布道："马车上的女人，报上你的名字来。"

女人回答："我是篾儿乞部落的诃额仑。"

"哦，你叫诃额仑？"也速该宣布道，"从现在起，你是我儿子的妈妈了。"

诃额仑被也速该掳去为妻，当时她哭得波荡斡难河，声震林荫川。不

久，她给也速该生下第一个孩子。

这个孩子是个男孩，他就是未来的成吉思汗铁木真。

02 成吉思汗出世

《元史》上称，成吉思汗出生时，手握凝血如赤石。

当时，正逢他的父亲也速该俘获了另一个部落的首领铁木真兀格。也速该感觉俘虏的名字蛮不错，就杀掉了俘虏，把这个名字给了自己儿子。

成吉思汗，名铁木真。铁木真的意思是铁化开的，这个名字喻示着一个美好的期望，希望他能够在残酷的蛮荒中生存、成长，并成就他的人生事业。

03 夺妻之战

成吉思汗九岁时，父亲也速该带着他，出门去求亲，就是看看有没有人家想把自家的女儿，嫁给这个小娃娃。

途中，遇到一个叫德薛禅的老人。老人对也速该说："昨夜，我梦到一只白鹰，攫着日月，落到我的手上。太阳和月亮，是我们所仰望崇拜的神灵，竟然飞落于我手，这是大吉之兆。我看你的儿子，目光炯炯，莫非正应了这个梦？我家孙女叫孛儿帖，今年十岁，你看嫁给你儿子如何？"

于是，成吉思汗就有了媳妇。

等成吉思汗成年后，岳祖父德薛禅就把孛儿帖送了来，还给成吉思汗带来丰厚的嫁妆。从此，成吉思汗和妻子，就幸福地生活在一起。

可是有天夜里，成吉思汗正搂着妻子睡觉，忽听外边马蹄声声，他知道有勇士来抢他的妻子。成吉思汗跳起来，拉着妻子爬上牛车，沿着腾格里溪匆忙逃命。途中，忽然又遇到一队骑兵，他们喝问道："喂，你车上拉的是什么？"

"啊，"成吉思汗匆忙回答，"拉的是羊毛。"

"不对吧？"骑兵纵马过来，撩开车帘，看到成吉思汗妻子，顿时大喜，"哈哈哈，我终于有老婆了！"不由分说，立即把成吉思汗的妻子给抢走了。

吊诡的是，抢走成吉思汗妻子的骑兵，是篾儿乞部落的勇士。而成吉思汗的母亲，就是篾儿乞部落的美女，是被成吉思汗父亲抢回来的。他的父亲抢这个部落的女人，他的妻子又被这个部落抢去，这才叫一报还一报。

愤怒的成吉思汗，为了夺回妻子，联合了另外两个部落，于一天深夜，突然杀入篾儿乞部落。当时战场一片混乱，到处都是尸体和奔逃的部民。成吉思汗找不到妻子，急得大声呼叫："孛儿帖，孛儿帖，孛儿帖你在哪里？"

听到丈夫的喊声，孛儿帖冲过来，死死地抱住丈夫。《蒙古秘史》记载，他们夫妻重逢时，猛相扶而相抱焉。

当时成吉思汗对妻子发誓："你放心，我这辈子再也不允许别人抢走你。"

他说到，并做到了。

04　哲别神射

1201年，崛起的成吉思汗攻打敌对部落，将对方击败，对方的士兵纷纷逃入密林中。

成吉思汗就让大将博尔兀骑上自己的战马，去追杀逃散的敌兵。不曾想，敌兵中有个神射手，"嗖"的一箭，将成吉思汗的战马射死了。

成吉思汗大怒，命部队包围密林，迫使林中的残兵举手投降，然后他喝问道："是哪个杀了我的马，站出来！"

那名神射手站出来，说：“你的马是我射杀的。”

成吉思汗问：“你叫什么名字？”

神射手回答：“我叫只儿豁阿歹。”

“不。”成吉思汗说，“你应该叫哲别，哲别就是箭的意思。你以后就用这个名字，随我征战吧。”

就这样，成吉思汗得到了猛将哲别。

05 长春道长丘处机

长春真人丘处机，于1168年拜全真教开山鼻祖王重阳为师，为全真教七大弟子之一。王重阳仙逝后，丘处机成为全真教掌门人。

忽然有一天，丘处机对弟子说：“快准备行李，天使将来召唤我，我就要出发了。”

次日，果然来了两个人，口称：“成吉思汗使者扎八儿与刘仲禄，奉诏而来，哪怕是逾山越海，不论天长地久，也要请得真人前去。”

于是丘处机就随两名使者出发，前往大雪山，去见已是暮年的成吉思汗。

成吉思汗见到丘处机，劈头就问：“真人远道而来，可曾带了使我长生不老的仙药？”

丘处机望着成吉思汗，温和地回答：“世上有养生修性之道，并无长生不老之药。”

成吉思汗听了，又是失望，又是欣慰。

他失望的是，他是雄霸欧亚大陆的成吉思汗，功名富贵金帛美女，应有尽有。此时他唯一希望的，就是能够长生不老，永永远远地把自己的尊荣持续下去。渴望归渴望，但他心里明白，这世上根本就没有什么长生不老药。

 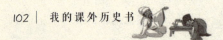

如果真有仙药，前面排着秦始皇汉武帝，唐太宗宋太祖，仙药还不够这些祖宗们吃的，哪还轮得到他成吉思汗？

欣慰的是，丘处机实话实说，不谎不骗，可知丘处机必是有真才实学之人。单凭一句实言，就赢得了成吉思汗的尊重，这，就叫智慧。

06 杀气弥天

长春真人丘处机，不惜以年迈之躯，亲赴大雪山见成吉思汗，只是为了以德行与智慧感召成吉思汗，消弭心中过重的杀气。

说到成吉思汗的杀气与暴戾，史书中有这么一段记载：

有一天，成吉思汗问部将："对男子汉来说，什么是平生最大的乐趣？"

有人回答："在初春时节，带着羽毛丰满的灰鹰，骑着日行千里的骏马，奔驰在大草原上打猎，这就是男子汉最大的乐趣。"

有人说："放出鹰鹘，看它从空中用利爪抓走灰鹤，这是最大的乐趣。"

还有人说："穿上华丽的服装，大块吃肉，大碗喝酒，这才是人生最大的乐趣。"

成吉思汗摇头道："你们说得不对！镇压叛乱者，战胜强敌，将他们连根铲除，夺取他们的一切，使他们的妻子儿女痛哭流涕，跨上他们后背平滑的骏马，将他们美丽后妃的腹部当作睡衣和床垫，亲吻她们玫瑰色的面颊，吮着她们甜蜜的嘴唇，这才是男子汉最大的乐趣。"

这就是成吉思汗。他一生征战无数，灭国四十，略地万里，妻妾成群。在暴力这个专业领域，有史以来的所有帝王，没有比得上他的。所以长春真人丘处机出场，希望以平和的智慧力量，消弭成吉思汗那过重的杀气。

第四节

大元帝国

01 帝王的价值

蒙古第二任大汗窝阔台，是成吉思汗的第三个儿子。他有句名言："不要对穷人吝惜我的财富。"

有一次，窝阔台经过集市，看到蜜枣不错，就让侍卫去买些来。

侍卫很快把蜜枣买回来了，窝阔台吃了几枚，称赞道："真是人间少有的美味啊。喂，你给了摊贩多少银子？"

侍卫回答："给了一两银子。"

窝阔台不高兴了："这么好吃的食物，你才给人家一两银子，太少了。"

侍卫解释说："一两银子，已经超出这些蜜枣价格的十倍了。"

"胡说！"窝阔台怒斥道，"在摊贩一生中，什么时候才能碰到我们这样的买主呢？你出多少银子，买的不是蜜枣的价格，而是我们的价值。你马上再给摊贩送十两银子去，不得有误。"

02 厚道大汗

大汗窝阔台有一条金腰带，他非常喜爱。因为经常佩戴，腰带的扣子坏了，窝阔台就把它交给工匠修理。

可万万没想到，这工匠胆儿特别大，竟把金腰带偷偷地给卖了。大汗派人来取，他总是推托说没修好。但真相总会败露的，最终工匠被抓起来，才不得不承认自己私卖大汗金腰带的错误。

此案被报到窝阔台处，他说："私卖金腰带，确实是重罪。但如此重罪他也敢犯，可见工匠是真的到了极端贫困、无路可走的境地。来人呀，给工匠送一百五十两银子去，让他洗心革面，重新做人。以后呢，不要再干这种事情了。"

偷卖了大汗的金腰带，非但没有治罪，反而得到了一百五十两银子。工匠绝地逢生，喜形于色，逢人就说窝阔台大汗善良厚道。

03 大汗与亚里士多德

蒙哥大汗即位时，有三个宗王意图谋反，被蒙哥识破，抓了起来。

该如何处置这三个宗王呢？蒙哥拿不定主意，就在他的宫里，叫来文武百官，让大家谈谈如何对待囚犯。所有官员都大发议论，只有一个老人，一言不发。

蒙哥大汗问："老人家，你为何闭口不言？"

老人回答："君王面前，听比说更重要。"

蒙哥大汗道："没错，听比说更重要，所以我希望你们说说，让我来听。"

老人说："如果一定要说，那么我给大汗讲个故事吧。

很久以前，有个马其顿国王亚历山大，他征服了欧洲的大部分国家，还想去远征。但他发现，国中的达官贵人专横跋扈，有叛乱之心。于是亚历山大就派了个使者，去向自己的老师——智者亚里士多德请教。

使者到来，询问亚里士多德。但亚里士多德不回答，他只是在自己的花园里，吩咐仆人把叶密根深的大树拔掉，在原地种上一株株小树苗。

使者回去，报告说：'白跑了一趟，他什么也没说，只是拔起了大树，种下了小树苗。'

亚历山大回答：'他已经说了，只是你没有学会倾听。'

于是亚历山大处死了一些有权有势的高官，把他们的领地，分封给了他们年幼的儿子。"

老人讲完了故事，蒙哥大汗心领神会，冷笑了一声："好故事，真是一个好故事。对该动手术的地方，贴膏药是没有用的。"

04 一帽不正，何以正天下

元世祖忽必烈，张榜求贤才。一个名叫胡石塘的书生，前来自荐。

忽必烈召见了胡石塘，发现胡石塘这个人不修边幅，头上的笠帽都戴歪了。忽必烈连连摇头，问："你是个书生，都有什么才学呀？"

胡石塘回答："生平所学，治国平天下而已。"

忽必烈哈哈大笑："你连自家的笠帽都戴不端正，又怎么可能平天下呢？"说完把胡石塘赶了出去，最终没有用他。

05 荒淫无度

文宗时代，燕铁木儿专权，毒死了明宗，挟持了文宗，把军政大权掌握在手中，自称老太师。

从此，燕铁木儿纵欲无度。他霸占了四十多名宗室之女，每隔两三天，就换一个女人。因为换得太频，后宫中的许多女人，他根本识不得。

有一次，燕铁木儿在一个官员家里饮酒寻欢，命男女成双成对列坐，号称鸳鸯会。忽然间他看到一个美女，就说道："那个美貌女子是谁家的？现在我宣布，她以后就是我的了。"

大家仔细看看那女人，哈哈大笑起来，说："老太师，你糊涂了吗？你刚才相中的女人，就是你自己从家里带来的。"

"啊，这样啊。"燕铁木儿脸不红不白，自嘲道，"难怪人们都说，这官位一旦高了呢，男人就有点像动物了。"

没过多久，燕铁木儿因纵欲无度，血崩而死，他的家族也遭到了清算。

06 学问有道

元代时，许多知识分子都有一个崇高的目标——完成修《金史》的历史任务。

要想修《金史》，就必须要拿到金国的原始档案。当初金国灭亡时，元将张柔攻下汴京，被封为了万户侯。金朝时代的原始资料，都在他的掌控之下。大才子元好问希望获得这些资料，就决定把自己卖到张万户家里为奴，以便接近资料。

但是朋友劝阻了元好问，担心他卖身为奴之后，一旦失手，《金史》修

不成倒也罢了，还得搭上一条才子的性命，未免划不来。

于是元好问就在民间走访，完成《金史》的初始资料搜集工作。起初他的努力不被人们理解，他编修的《金史》还被讽刺为"野史"。

到了元末，国史院奏请修《金史》，完成了一部官方著作，但这部书最终未刊印。后来修史的官员们发现了元好问的"野史"之后，大为震惊，立即拿着元好问的手稿大抄特抄起来。最终，这部《金史》集中了包括元好问在内的民间史学家的创作。新修成的《金史》因为叙事翔实、文笔简洁，被称为一部超过《宋史》和《辽史》的史学力作。

07 鲁班皇帝

元帝国最后一任皇帝，是个伟大的艺术家与工程师。虽然江山不稳，天怒人怨，豪强四起，遍地刀光，但他仍然潜心于艺术创造与发明工作。

他发明了新式龙舟，舟行于水上，雕龙的头部摇晃，龙尾摆动，龙眼忽睁忽闭，龙爪作势攫人。他还发明了以水为动力的闹钟，每到正点，就有一个玉女从水中浮出，旁边的金甲神人立即敲响金钟，两侧的玉狮金龙翩翩起舞。这精奇的创造，使得人们都称他为"鲁班天子"。

正当元末最后的皇帝不停地发明创造时，朱元璋派大将徐达统兵北上。元朝的百官哭谏，要求与明军决一死战，元末帝却叹息道："决战个屁呀决战，朕夜观天象，知道大元气数已尽，抵抗是不会有效果的。你们大家散了吧。"

当天夜里，元末帝率后妃太子出逃，明军攻入大都，元帝国灭亡。

听说了元末帝出逃的事情，朱元璋称赞他"知顺天命，退避而去"，特意追加给他一个"顺帝"的称号。所以史上这位"鲁班天子"，又称为元顺帝。

第四章

大明之宫

明 （1368~1644年）

1368年，朱元璋称帝，国号"大明"。

1399~1402年，"靖难之变"，明成祖朱棣夺取皇位。

1449年，"土木堡之变"。

1457年，"夺门之变"，明英宗复位。

1405~1433年，郑和七下西洋。

1555~1558年，戚继光、俞大猷等将领平定倭寇。

1572年，明神宗继位，张居正辅政，史称"万历中兴"。

1616年，努尔哈赤称大汗，国号"金"，史称"后金"。

1628年，陕西爆发大规模农民起义。

1630年，崇祯帝冤杀袁崇焕。

1644年，李自成建立"大顺"政权，攻占北京，明朝灭亡。

第一节

暴戾洪武

01 不解风情

元末政局混乱，英雄四起，张士诚占据平江，派手下大将吕珍镇守绍兴。

张士诚身边有两个书生，会写诗的叫陈庶子，善书法的叫饶介之。两个人为了讨好大将吕珍，就找把折扇由陈庶子写了首诗，再由饶介之泼墨挥毫，写在扇子上。这首诗是这样写的："后来江左英雄传，又是淮西保相家。闻说锦袍酣战罢，不惊越女采荷花。"

老实说，这首诗写得还真不错，以小见大，生动形象，至少陈庶子本人是非常满意的。他们把扇子赠送给吕珍，希望能够获得吕珍的赏识。

却不料，吕珍是个大老粗，不识得字，扇子上写的是什么，他只能让人念。一边念还要一边给他解释。没解释两句，他就发飙了，吼叫起来："我为主上守边，九死一生，是因为我忠心耿耿啊，岂是为了一个采荷花的小娘们？陈庶子和饶介之竟然如此污辱我，吾必杀之。"

陈庶子和饶介之吓坏了，那么好的文采，跟个不识字的粗人根本说不清，只能躲起来，以免被吕珍抓到杀掉。

 第四章 大明之宫 | 111

02 皇帝的爱情

大明开国皇帝朱元璋，少年时代投奔义军郭子兴部，成为郭子兴身边的警卫员。郭子兴有个养女马氏，就与朱元璋相爱了。

但郭子兴是个暴脾气，有一次他无缘无故把朱元璋关了起来，不给食物。饿得朱元璋两眼发蓝，坐以待毙。

马氏怕朱元璋饿死，就偷了只烙饼，藏在胸前，偷偷给朱元璋送了去。因为烙饼太烫，把马氏的前胸都给烫伤了。再后来马氏向郭子兴说情，放出了朱元璋。等到朱元璋做了皇帝，以马氏为皇后，经常在朝殿上对大臣们讲这段往事，并希望朝中的大臣们，也能够像他们夫妻一样，终生厮守，白头到老。

03 明教的灭亡

朱元璋征战四方，打出的旗号是明教，在他的上面，还有位最高领导小明王。朱元璋接连击败对手，势力强大之后，就派了亲信部将去迎接小明王登基。途中据说是遭遇风浪，小明王落水，溺死江中。于是朱元璋顺理成章，成为最高领导人。

然后朱元璋宣布明教为邪教，取缔明教并严厉打击。从此天下不闻明教，只知道朱元璋的大明王朝。

04 朱元璋教子

大明开国皇帝朱元璋性情残忍，屡兴大狱，动辄杀害功臣，株连枉杀往往数万人。太子朱标心有不忍，就壮起胆子，劝谏朱元璋行仁政，不可如此

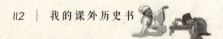

嗜杀。

朱元璋听了，很恼火地看着太子，命人取来根带刺的荆条，丢在地上，让太子拿起来。

太子面有难色："父皇，这荆条上的刺，太扎手。"

朱元璋冷笑道："现在你明白朕为什么嗜血好杀，为什么要诛尽功臣了吗？"太子茫然："为什么？"朱元璋道："因为朕在替你拔除荆条上的刺。只有把这些势力大的名臣宿将统统铲除，将来你才会平安做皇帝。"

太子听了，面色惨然，无言退下。经此教训，太子才知道，这帝王之位，是由无数尸体与鲜血堆成的。他承受不了这过于强大的心理负担，不久抑郁而死。

05 功臣之死

徐达，是朱元璋手下第一战将。他能打仗，又会养兵。到了大明立国，他就成为朱元璋最为猜忌的目标。洪武十八年，徐达后背上生了疽疮，朱元璋闻知，就派人给徐达送去只蒸鹅。

蒸鹅是发物，背上生了疽疮的人吃了蒸鹅必死无疑。当时徐达一边落泪，一边把蒸鹅吃掉了。为朱元璋打江山一辈子，却落得这样一个结局。这还算好的了，起码没有株连自己的家人。权力时代的暴力游戏就是这样的血腥。

06 酷吏不可靠

元末时，镇江路有个小官吏，叫陈宁。此人因一次偶然的机会，遇到了朱元璋，从此就跟随朱元璋参加了"革命"。朱元璋曾经提拔他为御史大夫，

可是陈宁生性残忍，喜欢用烧红的烙铁拷问犯人，所以人送了他一个绰号，叫"陈烙铁"。

陈宁的凶残，连朱元璋也实在看不下去了，就把他贬为苏州知府。但陈宁却不吸取教训，反而变本加厉地拷打犯人。他的儿子陈孟麟劝他，他竟然勃然大怒，抢起木棍，把儿子活活打死了。

此事发生后，朱元璋极为心寒，认为像陈宁这种人，对亲生儿子都没有丝毫感情，又怎么可能忠于君王？就更加冷落了陈宁。

陈宁索性越走越远，秘密参与了胡惟庸谋反案，结果被人告发，朱元璋下令将其处死。

07 知机而遁

大明开国年间，在嘉定有个富户，名叫万二，富甲一方。

自从洪武皇帝朱元璋登基，万二就每天搬个小板凳坐在江边，遇到从京师来的客人，就上前打听："这位客人，京城里有什么好玩的新闻啊？说来听听。"

有一天，一个客人说："新朝鼎立，万象更新，没什么奇怪的新闻。只不过呢，听说皇上最近写了首诗。"

万二问："皇上写的什么诗啊？"

客人回答："皇帝的诗，是这样写的：'百僚未起朕先起，百僚已睡朕未睡。不及江南富家翁，日高五丈犹披被。'"

万二一听，变了脸色说："坏了，早知道皇帝最是憎恨富户商家，这不，皇上在这首诗中，已经说得很明白了。天下富人的灾难，已经是逃不过去了。"

于是万二立即出售全部资产，卖不掉的，就交给家仆管理。他自己买了

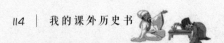

条船，带着妻子儿女登船远去，从此泛舟五湖，不问世事。没过多久，洪武皇帝朱元璋下令，严查江南富户的行为，凡大富之族，财产一律没入官府。无数富人因此家破人亡，只有万二早已觉察，逃得一劫。

08 刘伯温还乡

刘伯温，中国历史上仅次于诸葛亮的智者。他协助朱元璋打下天下，朱元璋想以他为相。但刘伯温知道朝中权力倾轧极为激烈，而朱元璋的性格又苛暴残忍，就辞官避祸，返回到老家青田，当一名与世无争的百姓。

青田县令得知刘伯温回家乡了，就前来看望老领导，刘伯温避而不见。

见不到刘伯温，县令心生一计，就化装成一个农夫，来到刘伯温家。刘伯温当时正在洗脚，见有客人登门，急忙湿着脚套上鞋子，招待客人。客人坐下来，才说出自己其实是县令。

当时刘伯温立即站起来，扑通一声，跪在县令面前，大声道："草民叩见县令大老爷。"

小县令吓坏了，急忙跳开："刘大人刘大人，你这是干什么？我一个小县令，你怎么冲我跪下了？"

刘伯温跪在地下，转向县令，大声说："草民无官无职，在县令大老爷面前岂敢站立？草民给大老爷磕头了……"说罢，煞有其事地就要磕头，吓得县令"嗖"的一声逃出屋子，再也不敢来见刘伯温了。

第二节

新暴力时代

01 风流才子

明成祖朱棣年间，大才子解缙风流倜傥，朝野闻名。

有一次，解缙去拜访驸马，恰巧驸马不在家。公主听说了大才子解缙来了，很是好奇，就留下解缙，隔帘而坐，吩咐家人上茶。

解缙坐在座位上，看着朱帘后的公主，却怎么也看不清晰。忽然间他的灵感来了，立即索要笔墨，当场写了首诗：

> 锦衣公子未还家，红粉佳人叫赐茶。
>
> 内院深深人不见，隔帘闲却一团花。

诗中的意思，带有三分戏谑之意。暗示公主独守空室，内心寂寞。公主看了诗，感觉下不来台，就发作起来，入宫找父皇朱棣告状。朱棣看了诗，埋怨公主道："这怎么能怪得他？你明明知道他是个风流才子，却非要偷看他，结果被人家调戏了吧？"

02 深牢大狱

成祖朱棣晚年，才子解缙被下狱，从此不闻声息。

忽然有一天，成祖问锦衣卫指挥使纪纲："解缙还活着吗？"

纪纲支吾两声，退下来，开始想成祖是什么意思。是嫌我办事不力，没有领会皇帝意图，到现在还没弄死解缙？还是想释放解缙，加以重用？

皇帝到底是什么意思，说得不明不白。如果皇帝希望解缙死，而解缙还于狱中好端端地活着，这就是自己办事不力了。反之，如果皇帝想重用解缙，自己却下手害死了他，必然是龙颜大怒，跟自己算账。

到底应该怎么办，才能够避免让皇帝追究自己呢？

纪纲想来想去，想出个法子。他来到监狱探望解缙，来的时候带来酒菜，与解缙一起喝酒，没多久就把解缙灌得酩酊大醉。然后纪纲把解缙拖出来，剥光衣服，埋在雪里。不一会儿，大才子解缙，就活活被冻死了。

然后纪纲上报，说狱中寒冷，囚犯解缙被冻死了。这样，如果皇帝是希望解缙死，自己就是圆满地完成了任务。如果皇帝还想重用解缙，那么解缙被冻死的事也不能怪自己。

这个故事，揭示的是权力之下信息不明所带来的严重后果。许多的权利与生命，就这样被生生剥夺。

03 造反不易，投降更难

明仁宗时，成祖朱棣的二儿子朱高煦举兵叛乱，企图夺取皇位。仁宗出其不意，突然亲征，率大军抵达乐安州城下。

眼见得大势已去，朱高煦懊悔不已，家人更是哭哭啼啼，求他向仁宗投降，保全家族。正当朱高煦准备出城投降时，却被手下人手持兵刃拦住了。

手下的将领们说："主公，你真是想得美，想造反就造反，想投降就投降。你这么任性，想过我们的感受吗？你投降了，仍然是个藩王。可我们追随你起兵，就全都成了叛逆。除非赢了，否则我们的家人都要受到牵连。所以，这降你不能投，我们不答应。"

当时朱高煦就震惊了：原来世上的事儿，是相当复杂的。尤其说到造反，那是牵涉到无数人的利益。造反不易，想投降更难，这世界不是随你摆布的棋盘。任你再大的势力，也只能顺应潮流，万不可逆势而行。

无奈之下，朱高煦只好派家人乔装溜出城，向仁宗投降。最终仁宗将朱高煦废为庶人。后来仁宗去狱中看朱高煦，却被调皮的朱高煦故意绊了一脚，仁宗大怒，用一口大缸罩住朱高煦，缸上加炭火，把朱高煦烧死。

04 郑和下西洋

郑和，本姓马，世居云南昆明。他年纪很小时，被明军俘虏，阉割后送入宫中为奴，被派往燕王府中服役。后来燕王朱棣做了皇帝，就命郑和统船下西洋。这就是历史上有名的郑和下西洋。

郑和下西洋，正统的说法称他曾七次出海，但实际上是八次。最后一次是奉了明宣宗的命令。

这八次下西洋，分别是：

大明永乐三年，公元1405年，第一次下西洋。

大明永乐五年，公元1407年，第二次下西洋。

大明永乐六年，公元1408年，第三次下西洋。

大明永乐十年，公元1412年，第四次下西洋。

大明永乐十四年，公元1416年，第五次下西洋。

大明永乐十九年，公元1421年，第六次下西洋。

大明永乐二十一年，公元1423年，第七次下西洋。

大明宣德五年，公元1430年，第八次下西洋。

05 缺心眼的国王

公元1408年，郑和第三次下西洋，于锡兰靠岸。

锡兰国王叫亚烈苦奈尔，他向郑和发出了热烈的呼唤，欢迎郑和的到来，并请郑和赴锡兰国都饭局。

郑和就下了船，来到了锡兰国都。进城之后，忽听城头上哈哈大笑，就见锡兰国王亚列苦奈尔转出，大笑道："中国人，你们上了本王的当了，哈哈哈，你们那些远洋巨船，统统都归我了。"

"什么？"当时郑和吃了一惊，"难道你把我诓进城来，是想派了士兵去抢我的船不成？"

亚烈苦奈尔说："然也。"

郑和问："你派了多少人去抢我的船？"

亚烈苦奈尔笑道："哈哈哈，五万士兵，足够你们喝一壶的了。"

郑和问："可你们国家这么小，五万士兵差不多就是全国的总兵力了。你现在国都里，还留下多少士兵防守？"

"多少士兵……"亚烈苦奈尔眨着蓝眼珠，"哎呀，糟糕，郑和身边……怎么这么多卫兵？"

郑和哈哈大笑："我带了两千士兵上岸，活捉你是分分钟的事儿。士兵

们，给我冲上去，逮住这个缺心眼的国王。"

锡兰国王亚烈苦奈尔心眼不够用，他把郑和诓进城来，却被郑和反客为主，攻占了国都，擒获锡兰国王，押着他回国了。

在大明朝廷上，明成祖朱棣严肃批评了亚烈苦奈尔心眼不够用的错误，废掉了他的国王，另立了新王主持锡兰国政。

第三节
贪玩天子

01 武宗出逃

明朝最好玩的皇帝，是明武宗，他是个贪玩的熊孩子。有一天，他潜逃出宫，百官知道后，驾车疯狂追赶，途中被武宗使了个调虎离山计，骗开群臣，一口气逃到了边关，吵吵嚷嚷就要出关。

守关隘的是位老臣子，七十多岁了，花白的胡子。听到关口吵闹不休，喝道："何人在此喧哗，报上名来。"

武宗皇帝纵马上前，大声道："朕是你家皇上，赶紧开门放朕出去，朕赦你无罪。"

皇帝？当时张钦就愣了，不可能吧？皇帝应该在京城坐金銮殿，怎么会跑到这凶险的边关。仔细探头一瞧，来者满脸油滑，贼忒兮兮，正是当朝圣明天子，明武宗朱厚照。张钦惊呆了，失声问道："陛下，你要出关干啥？"

武宗回答："朕要亲自与靼鞑小王子交手，看世间谁是英雄。"

"少来！"张钦突然把眼睛一瞪，"你这个骗子，竟然敢假冒当今天

子，你再敢上前一步，我就一剑斩了你。"

武宗呆了一下："咦，老头你装什么糊涂，你明明认出了我是皇帝。"

张钦把眼睛一闭："我只认得金銮殿上的皇帝，你来到我防守的关隘，就不再是皇帝，最多是个骗子。再敢上前，吾必杀之，没商量。"

噢，明白了。武宗醒过神来，这老头特别鸡贼，知道他堵不住私逃的皇帝，干脆翻脸假装不认识，硬说皇帝是假的，让武宗无法出关。但这难不住聪明的武宗皇帝，他派人散布假消息，说自己从另一个关隘逃走了。张钦闻报急忙赶去，武宗皇帝趁机冲破关口，冲向大草原。

张钦老头随后追来，却无论如何也追赶不上，急得老头趴在草地上号啕大哭："陛下，陛下你个王八蛋，你说跑就跑，万一被人家把你宰了，国家可咋办啊。"

但武宗皇帝不是那么容易被杀掉的。他出关之后，调集兵马，与鞑靼小王子展开大战，这场大战，他亲手斩敌一名，部属斩敌十五名。但为了保护他，明军被鞑靼人杀死二十五人，杀伤五百六十三人。

武宗玩够了，这才高奏凯歌回朝。

02 南巡纪事

明武宗南巡，命地方官张网捕鱼。官员累得半死，一条鱼也没捕到。明武宗火了："你这官是怎么当的？连捕鱼都不会，素质实在是太差了。"

明武宗到了南京，喜欢上个妓女，就天天去妓院。有一天他来到妓女房间，正见妓女的父亲睡在床上。见到武宗，妓女父亲急忙起床，说："陛下，草民起床迟了，请陛下恕罪。"

明武宗大度地说："免起。"就走过去抱住妓女，亲热起来。

正在亲热之际，忽听外边锣鼓喧天，就见一支队伍走进来，抬着一只金字牌匾，上写三个大字：免起堂。

原来是都察院听到武宗皇帝说"免起"两个字，就铸成金匾送到妓院里来了。

第四节
心学宗师

OI 喝醒老僧

大儒王阳明游览西湖，于虎跑寺中，见到一个洞窟。窟中有一老僧，闭关打坐，已经有三年的时间了。三年来，老和尚不言不语，合目无视，人们都认为他很快就会悟道。

王阳明听说了，当即把洞窟砸开，大喝一声："秃驴，你一天到晚絮絮叨叨说些什么？你那双贼眼东张西望看些什么？"

这一声大喝，震得老僧突然睁开眼，茫然地看着王阳明，看了好长时间，突然间放声大哭，爬起来跌跌撞撞，回家还俗了。

这个故事，揭穿了许多人打坐悟道的秘密。静坐悟道，先须净心。心不静，密室中静坐三十年，想的仍是红尘之事。心若静，即使身在红尘也不妨碍悟道。

O2 心学正宗

王阳明与朋友游会稽山，朋友注视着岩中花树，问："你是心学大师，经常说心外无物。那我问你，如此华丽的岩间花树，在深山无人之处，自开自落，与我的心有何关系？"

王阳明回答说："你未看此花时，此花与你的心同归于寂。你来看此花时，则此花颜色一时明白起来，便知此花不在你的心外。"

03 唐伯虎计讽骗子

明朝大才子唐伯虎，名气极大，经常会遇到奇奇怪怪的人。

有次来了个道士，仙风道骨的样子，进来大喝道："唐寅，你与贫道有缘，拜我为师学习炼丹吧。"唐伯虎问："炼丹有什么好处？"老道说："炼丹的好处太多了，你想啊，一块石头经过烧炼，就变成了金子，这还不好吗？"

唐伯虎说："真的吗？那你给我炼块金子出来看看。"

老道说："你这人焚琴煮鹤，真没情趣。炼丹这种事，是需要仙缘的。如果不是看你有点仙缘，我才懒得渡化你。"

唐伯虎说："这样吧，我在后面有间空屋子，你租下来住吧，租金很便宜。等你炼出丹来，咱俩一家一半。"

"我凭什么跟你一家一半……"老道气得半死，"算了，你这人冥顽不灵，顽固不化，可惜了这么好的仙缘。不过咱们见面，也是缘分，你就给我在扇子上题首诗吧。"

唐伯虎接过扇子，在上面写道："你的衣服破又烂，逢人说缘要炼丹。河边挑水卖给人，你的方法笨又烂。"

原诗是：破布衫中破布裙，逢人便说会烧银。如何不自烧些用？担水河头卖与人。

04 装疯逃走

六如居士唐伯虎，才名满天下。许多人不远千里，前来拜访他。

有一天，宁王朱宸濠派人拿了厚礼，请唐伯虎去南昌做客。唐伯虎很高兴地去了，到了南昌后，宁王问寒问暖，给了唐伯虎很大的别墅，还有许多美貌的小丫鬟侍候。这让唐伯虎喜形于色，乐不思蜀。

在南昌居住了大半年，唐伯虎终于发现情形不对头。宁王朱宸濠，竟然想起兵叛乱。之所以请他唐伯虎来，就是因为六如居士名气大，想以唐伯虎的名气，扩大起兵的影响力。

唐伯虎很是惊恐，他判断宁王智商不够高，起兵必然失败。可是自己已经来到南昌，想直接走是万万不可能的。怎么办呢？唐伯虎左思右想，终于想出来个绝妙的脱身之计。

忽然有一天，宁王接报："六如居士唐伯虎，他疯了。不喜欢穿衣服，光两只脚板到处乱跑，见人就打见人就骂。"宁王不信，怀疑唐伯虎察知他要造反，故意装疯，于是亲自过来看一看。

宁王来到，正见唐伯虎光着两只脚，在院子里狂奔，追赶着丫鬟们不放。宁王仔细观察了好久，失望地说："谁说唐伯虎是风流学士来着？我看他顶多不过是一介狂生罢了。来人，把这个疯子，给本王赶出府去！"

唐伯虎被赶出宁王府，他趁机逃回了家。事后宁王起兵失败，朝廷追究随之叛乱人员的责任，发现唐伯虎装疯逃走，就没有问罪。

05 狗不识字儿

宁王府中，养着仙鹤。为了防止被人捕捉，鹤身上带着王府的牌记。百

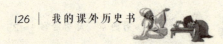

姓都知道这是宁王府中的鹤，无人敢碰一下。

但是有一天，百姓家里有条狗，把鹤给咬死了。宁王大怒，就发文给当地知府，要求抓捕这个百姓。

当时南昌知府叫祝瀚，他批示道："鹤虽带牌，狗不认字。禽兽相争，关人屁事？"

宁王看了这个批示，摇头苦笑，无可奈何。

06 决战于紫禁之巅

宁王朱宸濠造反，王阳明轻易将其平灭，并擒获了宁王。

武宗大怒，命太监去找王阳明，勒令王阳明立即释放宁王。武宗要亲自出马，与宁王一决高下。

这个荒谬的要求，被王阳明一口回绝。武宗脑子进水，智商不高，竟不知纵虎容易缚虎难。擒获宁王说的容易，却几乎耗尽了王阳明的心智，一旦放走他，说不定会闹出什么大乱子来。

见王阳明不遵旨行事，太监大怒，就唆使手下士兵于闹市上行凶，指着王阳明的鼻子破口大骂。王阳明无奈，只好请太监来赴宴。宴会上，王阳明拿出只箱子，打开一看，里边全是武宗贴身太监秘密写给宁王的效忠书信。见到这些书信，太监吓坏了，才不敢逼迫王阳明。

但皇帝的圣旨，别管多么离奇荒谬，总得想个折中的法子。

最后，王阳明命人把宁王关在笼子里，押往南京演校场。明武宗穿了一袭江湖夜行衣等在那里，宁王一到，就被放出笼子。武宗小皇帝冲过去，大叫一声："淫贼哪里走，看朕的黑狗掏心拳。"不由分说，一拳击向宁王。

宁王大怒，立即和武宗皇帝撕巴了起来。两人现场打斗，御军林士兵围

成一圈，大声叫好。打到最后，终因宁王被关在笼子里日久，血脉不畅，手脚酸麻，被武宗按倒打了个头破血流。

　　玩嗨了的明武宗，兴高采烈地爬起来，吩咐史官记下来：宁王造反谋乱，是他——英明神武、身手过人的明武宗，亲手擒获的。

第五节

江河日下

01 嘉靖被骗惨了

明世宗时，有个道士叫蓝道行，据说他前知五百年，后知五百年，预知人间福祸。听说了他如此神异，明世宗就宣他入宫。

为了测试他是否真有预知能力，明世宗写了几个字，封在一个信封里，问："我在这封信里，写的是什么？"

蓝道行说："陛下，只要我把封信拿到神灵面前烧掉，神灵就会告诉我里边写的是什么。"

"真的吗？"明世宗半信半疑，"那你去烧烧看。"

蓝道行拿信出来，换了个信封，烧掉一封假信，偷偷看过了真信封里的字，回来告诉世宗。

明世宗很惊奇，但又疑心蓝道行偷换了信封，就举行第二次测试，让太监跟着，监视蓝道行。蓝道行带着太监出来，就声称太监身上不干净，神灵生气了，吓得太监不敢再跟。于是蓝道行只身入庙，再次偷换信封成功。

第二次测试成功，明世宗不知道实情，真的以为蓝道行有神仙之术，从

此对蓝道行信奉有加。

02 大侠惊心

明世宗嘉靖年间，有个大侠何心隐，游走不定，到处讲学。有一年，大侠何心隐来到京师，结交了御史耿定向，就去耿定向家中做客。

正当宾主欢宴时，忽然门外有人来报："外边有个书生，叫张居正，前来拜访。御史大人见还是不见？"

耿定向说："每天到我这里拜访的书生，如过江之鲫。见见这些年轻人，鼓励鼓励他们上进，也是桩好事，那就让这个书生进来吧。"

书生张居正进来，大侠何心隐远远地看到他，顿时脸上变色，起身躲藏了起来。耿定向也未介意，就同张居正闲聊，问张居正有没有什么事情。

张居正回答："听说举世闻名的大侠何心隐，正在耿大人家中。后学不才，想见一见。"

"哦，这容易。"耿定向急找何心隐，这才发现何心隐不见了。派人去找，何心隐却始终不出来。张居正等了好久，也未见到何心隐，就快快离去了。

张居正走了，何心隐才出来。耿定向问他："咦，你刚才怎么了？为什么不出来见那个书生呢？"

何心隐回答："我不敢出来，我害怕。"

耿定向吃了一惊："你怕什么？"

何心隐回答："我害怕，是因为我知道，此后我必死于这个叫张居正的书生之手。"

耿定向摇头："你这说的，太离奇了。"

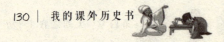

但不久后，书生张居正入内阁，成了事实上的宰相。他禁绝游学，终于在湖北派官吏捕杀了大侠何心隐。

03 读书读到傻

大明成化年间，都察院有个官员李晟，读书读傻了。他几次三番上书，献上自己设计的兵车与弓弩图样，声称这是极先进的高科技武器，要求朝廷拨款打造。朝廷非常重视，拨了银子派了工匠，但打造出来的兵车弓弩根本无法使用。

李晟因此被降职，但他持续不懈的研究，终于又取得新的突破。于是再次上书，献上他的新图纸，要求朝廷拨款，打造一种全新的铠甲。

这次朝廷长了心眼，虽然拨了款，派了工匠，但要求李晟先行试用他设计的铠甲。铠甲造出来了，工匠给李晟穿上，他一抬腿，扑通一声趴在地上，爬也爬不起来。

原来，他设计的铠甲的确非常安全，但却忽略了人体的承重能力。人穿上这种铠甲，根本动弹不得。李晟的研究设计，就这样终结了。

04 宅男明神宗

明神宗是个宅男皇帝，他躲在深宫里，二十六年不出来，不上朝不理事，也不批阅文件。无论国家发生了什么事儿，奏折送进去，就再也没有回音，这又称为留中不发，就是对国家政务不批复不表态，爱死不死爱活不活，反正他就是不管。

由于神宗皇帝常年不上朝，朝中的官员，全都老得掉了牙。许多官员老

死了，也没有新的官员替换。还没死的老官们，就一个人身兼数职，硬着头皮把国家治理下去。

虽然神宗皇帝不理国政，但对于私利一点也不放过。他派了许多太监，霸占了国内所有的矿。所有的矿产，都是他的个人收入。事实上神宗皇帝也知道这样不对，但他就是这样任性。

终于有一年，神宗皇帝病重，快死掉了。他立即颁旨，命令各地太监回宫。可圣旨刚刚颁下，他的身体竟然恢复了。于是他又下令收回圣旨。

太监田义实在看不下去了，愤怒地说道："陛下，你明明知道这样做是错的，病危时还知道反悔。怎么身体刚刚恢复，又要一意孤行地错下去呢？"

"什么？你敢说朕？"神宗皇帝明知理亏，就举起剑来，在宫里追杀田义。幸亏田义跑得快，才没有被他杀掉。

神宗皇帝，堪称人间极品了。明明知道是误国害民的大错，他却死不悔改。有这样的皇帝在，大明帝国不亡也难。

05　木匠皇帝

明熹宗，是中国历史上有名的木匠皇帝。他不喜欢理政，就喜欢一个人待在木匠房里刨刨锯锯，还经常制造点很有趣的小手工，让太监拿出宫去卖。

于是大太监魏忠贤就抓住熹宗皇帝这个特点，专门挑在熹宗沉浸于木工活的时候，进来询问国政事务。这时候熹宗皇帝就把手一挥："你看着办吧，少来烦朕。"

魏忠贤因而用事。他大字不识，却当上了熹宗皇帝的秉笔太监，有权力直接处理国政。从此他大兴冤狱，迫害忠良，一步步地把大明帝国向着死路

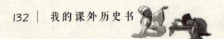

上推进。后来熹宗病死，崇祯帝即位，杀死了权奸魏忠贤，但大明帝国已是积重难返了。

06 替罪羊游戏

明末崇祯皇帝，内有李自成、张献忠造反，外有清军强力叩关，可以说是腹背受敌。崇祯顾得东就顾不了西，平李自成就顾不上对抗清军。于是崇祯皇帝就密令兵部尚书陈新甲与清军议和，腾出手来解决内患。

双方议和的书信放在陈新甲的案头。陈新甲去了洗手间，他的家僮看到了议和文书，不知道这是秘密军机，以为是公开的邸报，就抄写后广泛散发。这时候群臣才知道崇祯帝竟然与清军秘密议和，顿时群情激愤，纷纷叫嚷："与清军议和，就是汉奸之举，陛下你身边有大汉奸，揪出大汉奸！"

崇祯皇帝知道犯了众怒，就假装不知此事，将责任全部推到陈新甲身上。陈新甲愤怒的辩驳，崇祯帝大怒，传旨斩首。

其实大臣们都知道，议和是崇祯皇帝的主意。而他卸磨杀驴，以陈新甲为替罪羊的行为，让朝臣莫不心寒齿冷，从此与崇祯离心离德，不再信任。

07 千古奇冤

袁崇焕，广东东莞人。他是明崇祯时期的兵部职方主事，因为北方战事吃紧，弃职出关，考察战场，归来后请求镇守辽东。他出关后，清军的攻势顿时受挫，再也难以前进半步。

于是皇太极绕道喜峰口，突入北京城下。崇祯帝吓得手忙脚乱，幸亏袁崇焕火速回援，解了北京之围。

皇太极意识到，欲取中原，必先设计除掉袁崇焕。于是他针对崇祯皇帝猜忌心重的特点，使了个小伎俩。故意让两名将领，当着被俘太监的面说："我们与袁崇焕将军有密约，攻克北京城，指日可待。"然后故意放被俘太监逃走。

太监逃回来，急不可耐地向崇祯帝报告。崇祯帝见坑就跳，立即诏令袁崇焕入京，下锦衣卫狱问罪。袁崇焕下狱，其部将闻知大惊，立即弃关北走。崇祯帝命袁崇焕于狱中写手书，召部将返回。此举已经证明了袁崇焕无辜，但崇祯帝宁可枉杀，也不想枉纵，最终将袁崇焕剐死。

杀忠良名将，崇祯自毁长城。最终辽东无人克制清军，崇祯帝也落得个自缢煤山的下场。但直到死，崇祯也不悔悟，仍然说："朕非亡国之君，臣皆亡国之臣。"意思是说天底下全都是坏人，就他一个人好。

正是崇祯帝这种苛毒猜忌的个性，最终把大明王朝送入了坟墓。

08 闯王无敌

李自成，生平不好酒色，粗茶淡饭，但最擅长训练士兵、战马。

李自成部下每名士兵至少拥有三匹战马，以棉垫裹马足，奔跑起来疾速如风却悄无声息。他又有意识地训练战马的野性，一旦上了战场，李自成部下的战马就会凶性大发，冲入敌营，如虎狼一样咬人。

李自成部渡河，以每队三万人，士兵于马背上跷起脚，抱着马颈，齐声呼啸过河。渡河时，所有人不许回头张望，有回头者，后面的人立斩其首级。由于人马众多，河流为之堵塞。

李自成作战，先以数量极少的马队上前挑战，引诱敌人追赶。敌兵追来时，埋伏着三万步卒齐出，手持长枪，击刺如飞，没有不大获全胜的。

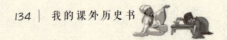

第五章

宫倾玉碎

清 （鸦片战争前）（1636~1840年）

1636年，皇太极称帝，改女真族为"满族"，改国号为"大清"。

1662年，郑成功收复台湾。

1662年，南明灭亡。

1669年，康熙亲政，擒拿鳌拜。

1673~1722年，康熙平定三藩。

1683年，清军攻克台湾。

1690~1697年，清军平定噶尔丹叛乱。

1718年、1720年，两次平定准格尔部叛乱。

1723年，雍正帝继位。

1727年，设驻藏大臣。

1729年，设军机处。

1735年，乾隆帝继位。

1755、1757年，平定准格尔部叛乱。

1759年，平定"大小和卓"叛乱。

1796年，乾隆禅位嘉庆。

1799年，和珅被赐死。

1820年，道光帝继位。

1839年，林则徐广州禁烟。

1840~1842年，第一次鸦片战争爆发。

第一节
龙兴辽东

01 隐忍才能成大事

清太祖努尔哈赤，为人机警聪明，应变能力极强。他的势力还不够大时，有天晚上正要睡觉，忽然听到门外有动静，便持刀潜出门外，果然看到一名刺客正背对着他，准备撬门进入。努尔哈赤在其身后"呼"的一声，用刀背将其砍倒在地。

然后努尔哈赤立即招呼部属，让他们把刺客绑起来。

部属们说："费这么大劲干什么？这家伙明显是别的部落派来的刺客，杀了他不就完事了？"

努尔哈赤低声道："不可以，此人固然是别的部落派来的刺客，但我们势力还小，惹不起别人。如果杀了他，惹得敌对部落撕破脸皮，索性派兵来攻打，那我们就完了。"

部属们问："照你这么说，我们应该怎么办？"

努尔哈赤道："我们就假装懵懂，说这刺客是个偷牛贼，教训一番放走他，以此麻痹敌对部落。"

部属说："这个办法好。"于是众人捆起刺客一顿痛打，一边打一边骂："你这个偷牛贼，说，你偷走我们几头牛？你说不说？"刺客被打得连连告饶，一声声地承认自己是偷牛贼："求求你们别打了，别打了，我以后再也不敢偷牛了。"

努尔哈赤道："过而能改，善莫大焉。既然你知道悔改，那就放了你吧。"

放走刺客，努尔哈赤告诫部属们："当你能力不够的时候，千万不要轻易揭穿对手的底牌，一旦对手恼羞成怒，你就死定了。所以，势力弱小的人，要懂得隐忍，不隐忍，就成不了大事。"

02 茅坑遇刺

努尔哈赤时代的东北，冰天雪地，厕所是对外开放的，蹲在茅坑上，能够看到极远的地方。

努尔哈赤是个自我保护意识很强的人，连上厕所都要带着弓箭。有天夜里，他正蹲在茅坑上，忽然看到黑暗之中，仿佛有人影悄悄潜入，努尔哈赤立即引弓搭箭，"嗖"的一声，射中了潜入刺客的脚踝。

然后努尔哈赤提上裤子，持刀冲上前，按住刺客，发现此人面熟。他名叫伊善，来自其他部落，最不喜欢努尔哈赤，曾经多次行刺，都未曾得手。

努尔哈赤的弟弟建议杀了他。但是努尔哈赤摇头说："不可以，此人之所以一而再，再而三地来暗杀，只是因为我们的势力太弱，对方有恃无恐罢了。如果杀了他，他们部落就会以此为借口，气势汹汹地杀来，灭亡我们这个小部落。此人不能杀，只能放他走。要想报仇，就必须等待到你强大起来的那一天。"

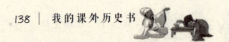

03 大明朝的骗子

清太祖努尔哈赤，以十三副铠甲起兵，起初实力不足，对大明王朝敬若神明，不敢有丝毫不敬。

努尔哈赤的这个心态，被巡抚御史郭光复发现了。于是郭光复就派了个气场极大的手下，打着都督的旗号，带着许多人，浩浩荡荡来到东北。努尔哈赤不知道这伙人是官府来的骗子，以为是真的都督，就诚惶诚恐地迎接。

骗子高踞座上，叱责努尔哈赤："努尔哈赤，你这个混蛋，你们部落应该给天子进贡花蜜，可是你为什么不进贡？莫非是对我大明天子不忠？"

努尔哈赤吓得脸色青白，连连磕头："启禀都督大人，不是小人不忠心，是因为蜜农居住散乱，小人正派了人去追缴，请督抚收下这点银子，小人马上让他们把花蜜送来。"

骗子收下努尔哈赤的银子，又得到了许多花蜜，满载而归。回来后把花蜜出售，又赚了好大一笔。

这起骗局，努尔哈赤长时间被蒙在鼓里，但后来他终于知道了，顿时看破了大明王朝：我的天，这个大明王朝，官员个个都是骗子，随意行骗而无人追究，这样的王朝，是不堪一击的。

不久，努尔哈赤正式起兵，宣布与明帝国为敌，并如其所愿的，灭亡了残破腐朽的明王朝。

04 高枕无忧

努尔哈赤与叶赫部落发生冲突，他急得团团乱转，不停地询问："叶赫部派兵来了没有？再派人去打听打听，务必要打探翔实。"

不久，探子来报："已经查清楚了，叶赫部兵分三路，已经杀来了，明天一早就会到达。"

"好。"努尔哈赤长松一口气，上床就睡觉。妻子富察氏急忙摇醒他，说："咦，你是怎么回事？敌人已经来了，你怎么反而睡下了？"

努尔哈赤骂道："你个笨娘们儿，根本不懂军事。打仗最怕最怕的，是不知道敌情，被敌人突然袭击。现在已经知道敌人的方位，还有什么担心的？赶紧上炕睡觉。"

于是努尔哈赤香甜地睡了一夜，次日早晨起床，整军出发，迎战叶赫部三路兵马，大破之。

05 不敢奢侈

努尔哈赤有次外出打猎，走在雪地上，他小心翼翼地把衣服撩起来，生怕弄脏了衣服。

几个侍卫在后面嘀咕："我们汗王真有意思，他现在雄霸天下，富有无比，却还是这么抠门，连件衣服都怕弄脏。"

努尔哈赤听到了，回头道："你们这些人呀，真是吃啥啥不剩，干啥啥不行。我难道还缺一件衣服吗？之所以这样做，是干净整洁的衣服总比弄脏了要好。而且如果我不躬行节俭，部属们岂不更是挥霍无度？吃不穷，穿不穷，算计不到才受穷。只是因为所有的眼睛都盯着我，所以我才不敢奢侈啊。"

这件事情一经传出，努尔哈赤的部属无人再敢挥霍。

06 精妙权术

清太宗皇太极，是努尔哈赤的第八个儿子。努尔哈赤死后，他与大贝勒、二贝勒及三贝勒，共同执政。

这就算集体领导，领导班子有四名成员。但是皇太极想独揽大权，就想出个绝妙的好法子。

他先对三名贝勒说："我们是仁义之师，对自己要有高尚的道德标准，我建议，以后如果有谁不道德不仁义，咱们就批评他。"

三名贝勒不知是计，齐声道："没错没错，咱们都是最有道德的高尚人士，当然不允许不道德的行为出现。"

过不多久，三贝勒攻城，仍然像以前那样杀掠百姓。皇太极顿时不干了，大叫大嚷："三贝勒这么个干法，竟然杀害平民，太不道德了，他这种不名誉的行为，丢尽了我们的脸，让我们受天下人指责。"

大贝勒、二贝勒不知是计，但感觉皇太极说得有理，就随声附和。结果，三贝勒因此被踢出领导班子，班子里只剩下三个人。

过不多久，二贝勒也犯下了交战时杀害平民的行为，皇太极再一次提出严厉指控，大贝勒被迫举手表态，支持把二贝勒也踢出领导班子。

领导班子里，只剩下了皇太极和大贝勒。大贝勒这才感觉不对劲，但论智力，自己远不是皇太极的对手，为了保全性命，就苦苦哀求，承认了一堆根本不存在的错误，主动退出领导班子。

《明史》载，皇太极继位以来，先是与三大贝勒并排面南而坐，接受臣民膜拜。但经过一番残酷的权力斗争后，最终他击败三大贝勒，独自面南称帝。

07 爱惜生命者必降

皇太极发动了松山战役，击溃明军，俘获了明朝总督洪承畴。

皇太极希望洪承畴投降，效力于己，就先派谋臣范文程去见洪承畴，摸摸洪承畴的底牌。

范文程去了，洪承畴一见他，勃然大怒，痛斥曰："虏猷，趁早死了劝降的心，我食明之禄，忠明之事。如今被俘，有死而已，想让我投降，你做梦去吧。"

范文程出来，向皇太极报告说："摸清楚了，洪承畴会投降的。"

皇太极大惊："你瞎掰，我根本没听到他说要投降，只听到他骂你。"

范文程笑道："他是骂声不绝，不过我进房间时，见有一粒灰尘落在他的肩上，他立即用手拂去。这表明他非常爱惜自己，拿自己当回事儿。一个爱惜自己的人，是不会那么容易死的，所以我知道他必然会降。"

皇太极听了大喜，就让自己的妃子持一壶人参酒入内，柔声软语，劝说洪承畴。洪承畴铮铮铁骨，就是见不得美女，美女几句话，他立即崩溃了，从此投降清朝，最终替清人招抚了江南。

08 洪承畴是条导盲犬

皇太极得到洪承畴，欢天喜地，立即吩咐设宴，一锅锅的猪肉炖粉条子端上来，敞开了吃。各种二人转全都叫上场，唱个没完。欢宴开始后，过了一百天还没有结束。

终于，满洲的武士们看不下去了，站出来说："汗王，你发什么神经？我们出生入死，浴血军前，你连个笑脸都舍不得给我们。那洪承畴，不过是

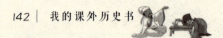

个败军之将，一个书呆子而已，你却为他欢宴百日，还嫌不够不肯结束，莫非汗王你的脑壳进水了吗？”

“你们这些笨蛋，一点脑子也没有。”皇太极放下杯子，哈哈大笑，“你们虽然能打，但一入中原，你们就全都是聋子瞎子，因为你们不知道地理地形，不掌握山川风俗，打起仗来，会有吃不完的亏。而洪承畴，他就是要把你们这些瞎子，从一片黑暗中带入中原花花世界的人。你们自己说，这才欢宴百日，够不够？”

“这个，汗王说得有道理。”武士们听明白了，这才心悦诚服。

第二节
康熙问政

01 康熙打鳌拜

鳌拜，清朝初年有名的战将，以臂力大而闻名。他曾经力挽强弓，以铁矢贯穿正阳门，十余名侍卫上前，竟然拔不下他射出的箭。此人的悍勇，可见一斑。

皇太极死后，多尔衮想夺权，鳌拜不要命地反对，力保皇太极的儿子顺治登基。多尔衮成为摄政王，从此恨死了鳌拜，曾经三次找借口，要把鳌拜推出去杀掉，都被顺治哭泣阻止了。

从此，鳌拜与顺治一家，成为生死相连的君臣典范。到了顺治死后，遗诏以鳌拜为顾命大臣，替顺治还没长大的儿子康熙看守家业。

康熙十四岁时，正式接掌权力，孝庄皇太后立即制作了一把椅子给康熙送来。这把椅子的后腿锯断了，人坐在上面保持不动，就不会有事，一旦动弹，失去平衡，椅子就会翻倒。

然后康熙再命小太监把茶盏放在火中炙烤，同时令鳌拜入见。鳌拜进来，康熙命他坐在那把椅子上，再命小太监用托盘托着滚烫的茶盏呈上。鳌拜手一碰茶盏，烫得"哎哟"一声，手臂上的神经本能地反弹，"啪"的一声，把茶盏碰到地下摔碎了。

鳌拜做梦也想不到，这茶盏是在火炉中烧过的，还以为自己走神打翻了茶盏，急忙弯腰俯身，想捡起茶盏碎片。这一弯腰，椅子的后腿嘎巴一声折断，鳌拜吃惊得大叫，脸朝下栽在地上。

这时，十几名习练摔跤的小太监突然冲出，上前死死地按住了鳌拜。

这段历史，就是有名的康熙铲除鳌拜。

02 冤案骗局

鳌拜被抓，康熙召集群臣，商议给鳌拜捏造什么罪名。群臣揣摸康熙的心思，意识到这是年轻的小皇帝要卸磨杀驴，夺回权力，鳌拜已经死定了。于是群臣就纷纷进言，乱七八糟替鳌拜编造了许多罪名。

群臣正编得开心，康熙突然变了脸，大骂道："你们这群落井下石的混蛋，鳌拜虽然有错，但有你们说的这么不堪吗？传朕旨意，把鳌拜押上来。"

鳌拜被押上来，康熙上前，剥下鳌拜身上的衣服，露出他满身的伤痕，对群臣说道："你们看，你们看清楚了，鳌拜的身上伤痕累累，这都是他在战场之上，为了我们的江山，殊死奋战所落下的。他百战不死，只落得满身伤痕，除此之外一无所有。而你们，却公然于朝堂之上，编造罪名陷害他，朕想问问你们，你们这些王八蛋，还有良心吗？"

群臣目瞪口呆，你看看我，我看看你，全都懵了。心说你这个混蛋皇帝，鳌拜明明是你抓起来，让我们编造罪名的也是你，等事情进行的时候，丧天良的反倒成了我们这些无辜的大臣。这个皇帝，真不是东西。

这时候大臣们终于醒过神来，原来康熙只是想把鳌拜抹黑成权奸，树立自己打败鳌拜的权威。但康熙的江山，不夸张地说，有一多半是鳌拜替他保住的，真要杀鳌拜，康熙也过不了良心这一关。

最后的结果是，鳌拜被赶回家，剥夺所有公职，禁止出门，但他的儿子、孙子，仍然在清朝做太平官。但是有一点，鳌拜的儿子、孙子绝不可以为鳌拜鸣冤，这是双方心照不宣的游戏。游戏的目的，就是要塑造康熙少年打鳌拜的英明形象。

康熙的儿子雍正，公开给鳌拜平了反。康熙的孙子乾隆，则予鳌拜最高的武将荣誉。但这些事，老百姓不关心。对于老百姓来说，有个打鳌拜的少年明君，就足以满足自己对于皇帝的想象了。而真实的历史，却揭示这一切不过是个骗局，太不好玩了。

03 给朕往死里打

康熙南巡时，沿途戒备森严，道路封锁，交通管制，禁止任何人行走。但太监可以假借皇命，独乘车马奔驰于空无一人的道路上，无人敢问一声。

但有一次，有个不懂官场潜规则的典史，看到太监得意扬扬地独行在禁道上，大为吃惊，就上前阻止。太监大怒，骂道："你算什么东西？敢挡咱家的路？"典史也火了，当即命人将太监拖下马来，按倒在地打板子。

清朝惯例，打太监板子时，不可以剥下太监的裤子，因为太监是阉人。剥了裤子露出残疾之处，是比打板子还要严重的羞辱。但这个典史不懂规矩，硬是把太监的裤子扒掉，将其私隐暴露在公众面前，狠打了一顿。

太监受辱，哭着去找康熙告状。康熙立即传旨，命典史见驾。典史吓得半死，康熙安抚道："打得好，以后这些奴才再敢狐假虎威，就给朕往死里

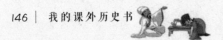

打。传旨，典史不畏奴势，二杆子作风鲜明，朕甚慰之，赐以四品官，升为巡抚。"

04 猜忌之心

康熙非常多疑，别人随便说句什么，他就怀疑你是不是暗中讽刺他。

他晚年时，牙齿掉光，曾带着宫中嫔妃钓鱼玩乐。他钓到一只鳖，但被鳖逃掉了。有个妃子看到，惊叫一声："哎呀，王八跑了。"皇后说了句："估计是没门牙的缘故，咬不住钩子。"

康熙在一边听了，登时大怒，认为皇后说王八没门牙，是暗中讽刺自己牙齿掉光，立即将皇后打入冷宫。而皇后到死，也没弄清康熙为什么惩罚她。

05 求阴影面积

康熙以西方传教士汤若望为师，学习数学，还亲自写了本《三角形论》，书成后传给群臣们看。群臣生平未尝闻数学为何物，看了康熙的书，茫然无解，如坠五里云雾。

见群臣看不懂，康熙更加开心，命人取来一斗米，在案板上堆成圆锥形。曰："这个圆锥，在太阳下有个阴影，求阴影面积。"群臣顿时崩溃了："陛下，咱们还是说子曰诗云吧，老是求阴影面积，臣等心里都有了阴影了。"

第三节
雍正帝国

01 巡回演讲

雍正年间，湖南有个呆书生，名叫曾静。他听过往的客人传言，说镇守西北的名将岳钟琪是岳飞的后人，而坐江山的却是岳飞抗金时金兀术哈迷蚩的后人，是一个昏君。还传言昏君企图谋害岳钟琪将军云云，曾静信以为真，立即派了自己的弟子张熙，千里迢迢赶赴西北，劝说岳钟琪起兵抗金。

结果，弟子张熙到了岳钟琪处，就被抓了起来。最终诱出口供，连同曾静一道押往京师，由雍正亲审。

审讯曾静时，雍正听说自己在民间的名声非常差，说自己是个十恶不赦的昏君，犯下了弑父逼母、残害手足兄弟等十大罪。雍正气坏了，不顾天子之尊，就和曾静展开了公开大辩论，力图证明自己是个好人。

严刑拷打之下，曾静辩论不过雍正，被迫认输，承认雍正是古往今来第一明君。雍正很满意，为了让天下人都承认这一点，他想出来个办法，派士兵押着曾静和张熙去全国各地巡回演讲，讲述雍正皇帝多么善良厚道。曾静和张熙走过许多地方，最后来到了家乡。家乡人以他为耻辱，聚众而来，欲杀之。曾静害怕地逃入山中，躲藏了起来。

而雍正还不罢手，又把这次事件刊印成书，名叫《大义觉迷录》，广泛散发。等到了雍正的儿子乾隆登基，立即杀掉曾静，并把雍正的书给禁了。因为乾隆认为，天下百姓原本不知道朝廷有这么多的龌龊事，不说还好，一说起来百姓议论纷纷，说什么的都有，事情张扬开来，只会越抹越黑。与其如此，还不如禁书杀人，彻底封锁消息。

02 坑人的雍正

雍正是康熙的四皇子，做皇子时，他曾经微服游历杭州。途中遇到一个书生，于街头卖字。雍正发现，书生写秋天的秋时，跟正常人写法不一样。正常人的写法是禾字在左，火字在右。但书生却把火字写在左边，禾字写在右边。

雍正问书生："你的秋字，为什么要这么写？"

书生傲然回答："你不懂，古时候的秋，就是这样写的。"

雍正说："看你很有才嘛，正好我这几天手气好，赌博赢了点银子，送给你。祝你高中皇榜，事业发达。"

书生称谢，收下了银子。就用这些银子当路费，去京城赶考，果然考上进士，殿试时叩见天子，皇位上坐着的，已经是登基的雍正。

雍正认出了书生，可书生不敢抬头，没认出雍正。雍正写了个和字，故意把口字写在左边，禾字写在右边，问书生："认识这个字吗？"

书生回答："陛下，这是个错别字。"

雍正冷笑，颁旨命书生启程，赴浙江巡抚处接受工作安排。书生到了浙江，巡抚打开圣旨，纳闷地说："好奇怪耶，陛下命你先去涌金门卖字三年，再说当官的事儿。"

"什么？"书生恍然大悟，"原来当初送我银子，让我赶考的客人，就是皇帝？你让我参加科举，考上了又不任命，仍然让我去街头卖字，这岂不是逗我玩嘛！"

03 密探帝国

雍正朝，以飞檐走壁的江湖人为暗探，夜入民家，窥其私隐，臣属们的行动，没有能够瞒得过雍正的。曾有名官员，买了顶新帽子，路上与人随意说起，次日上朝，就听雍正说道："小心点，别弄脏了你的新帽子。"

还有个状元王云锦，晚上与朋友打叶子牌，正玩得开心，忽然间有张牌找不到了，找了半晌也找不到，众人失兴散去。次日上朝，雍正问王云锦最近忙什么，王云锦老老实实地回答："最近没什么事儿，就是昨晚上和朋友们玩叶子牌，可是玩着玩着，有张叶子牌莫名其妙地不见了，好奇怪耶。"

就见雍正笑着，拿出张叶子牌，问："昨夜你丢失的叶子牌，是这张吗？"王云锦顿时大惊，才知道雍正对臣属的监视，已经到了无孔不入的地步。

还有个官员王士俊，带仆人去四川任职。任期结束，对仆人说："收拾一下东西，我要回京述职了。"没想到家仆笑道："你要回京，我得先走一步，把你的监视报告先递交上去。"王士俊大惊，才知道自己身边的仆人，竟然是朝廷密探。

04 伴君如伴虎

雍正性情残忍，喜欢抓住小事做文章。他曾经非常喜欢一个伶人，吃饭时就让伶人在他面前表演节目。伶人受宠，就有点得意。有一次伶人表演一

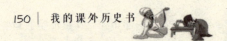

个节目，节目中有个角色是常州刺史。当时伶人就想和雍正套近乎，问道："陛下，现在的常州刺史，是哪个呀？"

没想到，雍正早就看这伶人的表演看腻了，想换个人。听了这话趁机发作，怒声道："你一个下贱的优伶，竟然打听朝廷政务，此风断不可长。来人，与朕把这个家伙打死。"

倒霉的伶人，当场被拖下，活活打死了。

05 躺着也挨刀

雍正年间，科举作弊甚烈，朝廷对此严厉惩治，官员一旦卷入，必是有死无生。

当时有个官员叫俞鸿图，督学闽中。为了身家性命，他不敢有丝毫懈怠，严防死守，考场上禁止任何人往来行走，以此断绝递纸条舞弊的可能。但是道高一尺，魔高一丈。想作弊的人，想出来个绝妙的法子。他们买通了俞鸿图的家奴，由家奴用手啪唧一声，把考题贴在俞鸿图的后背上。

结果，严肃的考官俞鸿图，就这样背上贴着考题答案，在考场上转来转去。众考生见了，无不大为震骇。

结果，倒霉的俞鸿图，躺着也中枪，以科举舞弊的罪名被拿下，按律腰斩。

朝廷派了俞鸿图的儿女亲家，侍讲学士邹升恒监斩。邹升恒亲眼看见俞鸿图被切成两截，上半截在地面上挣扎，手指蘸血，连写了七个"惨字"。

邹升恒回来见雍正，哭诉刑场惨状，请求废除残忍的腰斩之刑。雍正听了，也是心中不忍，遂废除了腰斩酷刑。

第四节

乾隆世道

01 陛下给我娶媳妇

乾隆登基之初，收到封群众来信，打开信一看，乾隆顿时懵了。

信中写道："陛下，臣叫冯起炎，字南州。写这封信给陛下，也没什么大事，就是臣最近看上两个女子，请陛下快点给臣娶回家。臣看上的第一个女子，是臣的张三姨母家的二女儿，第二个是本京东城闹市口中瑞生号杜月的二女儿。现在请陛下放下手边的杂事，立即派使者一名，快马一匹，去临邑臣的张三姨母家，再派使者一名，去东城闹市口瑞生号，把这两个女子，统统给臣娶回来。如果陛下为臣做到这两件事，则臣之心，欢欣鼓舞矣。但如果陛下你现在太忙，腾不开手，臣也不责怪你，等哪天陛下空闲时，替臣把这两件事完成，臣也是很开心的。"

乾隆看了信，当时脑子就乱了："写这封信的冯起炎是个什么人啊？他以为他是谁？凭什么对朕吆喝命令？"

派官员去查，原来这个冯起炎，是个脑子犯糊涂的书呆子。他听说读书人事君如事父，就认为皇帝是自己的爹，现在儿子到了青春期，做皇帝的老爹，当然应该替自己娶媳妇了。

但皇帝高高在上，才不认这个天下掉下来的大儿子。弄清事情原委之后，乾隆传旨，书生冯起炎不明事理，以下犯上，发配宁古塔，与披甲人为奴。

02 老农大战御前侍卫

乾隆下江南时，当地老百姓听说皇帝来了，纷纷赶来。有个扛锄老农，扛着锄头用力往前挤，要看个稀奇。侍卫见了大怒，命扛锄头的老农，速速退下。

扛锄老农却是生平惯喜抬杠，见侍卫让他退下，偏偏不退，拎起锄头就和侍卫比画起来。带刀侍卫大战扛锄老农，一番好斗，打得天昏地暗，走石飞沙，终于老农被擒获。

乾隆正在游玩，看到近处打成一片，惊问来者何人。侍卫回答："陛下，此乃刺客也。"

"有刺客？"乾隆一听就火了，立即下令把扛锄老农交给顺天府，查出幕后指使之人。顺天府官员见了老农，气得半死，上前用脚"哐哐哐"踹老农，骂道："你说你个乡下人，怎么这么喜欢抬杠呢？你跟正常人抬杠，正常人最多打你一顿。你偏偏要跟皇帝抬杠，你说你抬得过皇帝吗？谁不知道皇上最喜欢兴大狱，让你这么一闹，不知要死多少万人。快点说，就说你是精神病，神智不正常。免得大狱兴起，株连无数，现场的人，一个也活不成。"

最后，扛锄老农被地方官严刑拷打，强迫他承认自己神经不正常，然后结案递交乾隆。乾隆却是疑心，一再下旨，严诘地方官，仔细查清楚，扛锄老头到底是不是真的神经不正常，会不会是刺客伪装掩饰。地方官咬牙顶住，最终把事情拖过去了。

03 刁民竟然欺负朕

雍正时代，对百姓贩卖私盐极为严厉，私盐贩子往往会加以重罪。到了乾隆时代，他主张宽政，于是下旨，贫穷百姓人家即使出现了贩卖私盐事件，倘若贩盐不到四十斤者，概不追究。

民间犯罪界人士见到这道圣旨，大喜，就立即组织起乞丐游民队伍，浩浩荡荡数十百人，一人背负四十斤盐，大模大样地进行长途私盐贩运。往往一次贩运数量高达数万斤。地方官见之瞠目结舌，抓也不是，不抓也不是，只好向朝廷禀报。

乾隆接到奏报，也是目瞪口呆。他悲愤地说："这些坏透了的刁民，竟然如此欺负朕。可是如果朕要追究的话，天下人又该说朕出尔反尔，为政苛暴了。"

最终，乾隆对这些私盐贩子无计可施，只能是睁一只眼闭一只眼，任由这些盐贩子招摇过市。

04 贬去江南做判通

古时候，陵墓所在，铸有一尊尊石人守墓。这种守墓的石人，被称为翁仲。乾隆年间，有个大臣奉旨撰墓志铭，误把翁仲二字写颠倒了，写成了仲翁。乾隆见之，诗兴大发，当场赋诗一首：

> 翁仲如何说仲翁，十年窗下欠夫工。
>
> 从今不得为林翰，贬尔江南做判通。

乾隆故意把工夫、翰林以及官职通判，全部写颠倒，以此嘲弄那名官员。这首诗也就成为圣旨，官员被贬到江南，降职为通判。

05 和尚与他的老婆们

乾隆这个皇帝，有点不着调。他在南巡时，到了一座寺庙，和尚陪伴他视察。乾隆问僧人："秃驴，听说你们根本不守清规戒律，是不是？你老实说，你有几个老婆？说谎可是欺君之罪。"

和尚变了脸，回答说："陛下，老衲的老婆不多，只有两个。"

"什么？"乾隆本来是顺嘴胡说，岂料和尚竟然招认自己有两个老婆，当时就把乾隆惊呆了，"你的两个老婆在哪里？叫什么名字？"

和尚回答："老衲的老婆，就在寺中。春拥竹夫人，冬怀汤婆子（可置入怀中取暖的暖炉），这岂不是两个老婆吗？"和尚的回答，让乾隆意想不到，半晌才说："看不出你这秃驴，蛮风雅的嘛。"

06 白字皇帝

四川，古时候叫西川。那么，缘何现在被称为四川呢？

原来，西川变四川，是因为乾隆眼睛近视，读臣子的奏疏时，经常读错字。他总是把西川读成四川，大臣们不敢提醒他，索性把西川改成四川。乾隆既然读错了，天下人当然不可以读对，这样西川最终被改称四川。

曾有一次，乾隆游镇江金山，看风景无限，顿时诗兴大发，当场泼墨挥毫，写下四个大字：

江天一监

看了这四个字，和尚们傻了眼，随行大臣们，差点没哭出来。原来乾隆又写了错别字，把"江天一揽"，写成了"江天一监"。

无奈之下，大臣就提高声音，念道："江天一揽，揽者，看也。"意思

是提醒乾隆，陛下，你又写错别字了。

乾隆很满意地点点头，说："看朕的字，写得多好。"

大臣们再次高声念颂："江天一揽，揽字，是看的意思。"

乾隆说："知道知道，朕英明神武，还用你们提醒？"大臣们没办法，不敢再提醒，只是把江天一监最后的监字裁掉，再想办法补写了一个，刻在碑石上。后来这块碑石，于洪杨之乱中被毁掉了。

07 勇敢的老太太

乾隆二十二年，山东德州大水。大雨一连下了七昼夜，无数百姓，尽为鱼鳖。受灾百姓哭喊之声，声动朝野。

按理说，这情形应该立即放粮赈灾。但山东督粮道颜希深外出，无人负责，地方官坐看百姓饿死。颜希深的老母亲听说了，走出门来说："现在都什么时候了，早一刻放粮，就能救活数百条人命。你们不要怕，我做主开仓放粮，如果朝廷追究，就拿我问罪好了。"

于是德州放粮，活生民数万。

消息传到省府，山东巡抚大为震惊，立即上奏乾隆，要求严打自作主张擅自放粮的颜老太太。乾隆接到奏报，揽之大怒，骂道："这些地方官，还有没有良心了？颜老太太做得对，朕要接颜老太太入宫，与太后斗地主。"

于是乾隆赐给颜老太太三品封诰，颜希深因为有了这么一位敢做敢当的母亲，一路升官做到督抚。

第五节
末日危机

01 戏弄皇上读黄书

清朝到了道光年间，国运急转直下。道光皇帝本人，脑瓜也有点不灵光。

曾有一次，道光与身边亲信闲聊，问："你平时在家，都有什么爱好啊？"

对曰："陛下，臣喜寂寞，独好读书。"

道光大喜："读书好，读书是个好习惯。你给朕推荐几本好书吧。"

那亲信也不知怎么琢磨的，回答说："陛下，臣推荐《肉蒲团》，这本书写得太好了，非常有教育意义，陛下无论如何也要读。"

"好。"次日道光升殿，叫过来朝中最有学问的大臣潘文恭："潘爱卿，你家里有《肉蒲团》没有，拿来给朕瞧瞧。"

当时潘文恭大惊："陛下，臣不看这类书。"

道光不乐意了："潘爱卿，你这说的是什么话？你身为朝中重臣，国之肱股，竟然不读《肉蒲团》。这样有教育意义的好书你不看，你有什么颜面

站在朕的面前？”

当时那潘文恭仔细瞧了瞧道光的脸，感觉陛下不像是在开玩笑，是很认真的。只好一咬牙，实话实说：“陛下啊，《肉蒲团》是本极淫秽的黄书，不适合推荐阅读的。陛下，是哪个混账告诉你，说这本书有教育意义的？”

“什么？《肉蒲团》是淫秽黄书？”道光也惊呆了。回过神来，当场把那名欺骗他的亲信赶出了朝廷。这个混蛋，皇帝对你掏心掏肺，你拿皇帝当猴耍，真是太坑爹了。

02 破烂朝廷

道光皇帝为了表示自己节俭，就常穿打补丁的衣服。朝中大臣纷纷效仿，把个好端端的朝廷弄得如丐帮一般。但实际上，这个所谓的节俭，只是个样子货，因为内务府欺骗道光，打个补丁的价钱，足够五口之家吃三年的了。

有一天，道光忽然问武英殿大学士曹振镛：“曹爱卿，你衣服上的补丁，花了多少银子啊？”

“这个。”曹振镛的眼珠转动起来，他不知道内务府骗走道光多少银子，怕说少了，得罪内务府。就一咬牙，报了个天价，“陛下，臣的补丁，花了三两银子。”

“这么点钱？”道光惊呆了，“你看朕这个补丁，内务府报了五两银子的价。”

曹振镛心里后悔不迭，没料到内务府如此凶狠，一个补丁竟然敢报五两银子的价。自己还是说少了，内务府肯定会找自己的麻烦。正想着，道光皇帝又问他：“曹爱卿，你家里买的鸡蛋，多少银子一枚啊？”

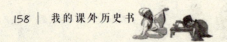

多少银子一枚？这次曹振镛学精了，不敢说出价格，怕说得不对，又得罪内务府。于是他回答说："陛下，臣一家人都不吃鸡蛋，不知道价格。"

道光"哦"了一声，就不再问了。

03 凄惨道光

道光皇帝，因为智力短板，被内务府欺负得极为凄惨。

曾有一次，道光忽然间想喝碗面片汤，就传旨让御膳房做。不一会儿，御膳房那边来报账："陛下，要喝面片汤，需要专门的厨房、厨师、材料、人工，这些预算加起来，很便宜很便宜的，只需要六万两银子的投入，每年再有一万五千两银子的维护费用，陛下就可以喝到面片汤了。"

"什么？一碗面片汤要六万两银子？"道光再傻，也知道这个数字有点太欺负人了，就灵机一动，想出一个好法子："算了，朕知道前门有家饭馆，会做面片汤，一碗才四十文，派个太监去，给朕买回一碗来。"

"喳，奴才领旨。"太监立即出宫，好久好久，才返回来，报告说："陛下，那家饭馆经营不善，早就关门了。奴才以为，陛下要想喝面片汤的话，还是投入六万两银子，自己起灶做吧。"

当时道光皇帝两眼含泪，仰天长叹曰："朕贵为天子，想喝碗面片汤都喝不上，这叫什么事啊！"

图书在版编目（ＣＩＰ）数据

我的课外历史书.2 / 雾满拦江著. — 南昌：江西

人民出版社, 2015.8

ISBN 978-7-210-07605-6

Ⅰ.①我… Ⅱ.①雾… Ⅲ.①中学历史课—课外读物

Ⅳ.①G634.513

中国版本图书馆CIP数据核字(2015)第169007号

我的课外历史书（2）

雾满拦江　著

责任编辑：陈　骥

封面设计：游　珑

出　　版：江西人民出版社

发　　行：各地新华书店

地　　址：江西省南昌市三经路47号附1号

编辑部电话：0791-88670587

发行部电话：0791-86898815

邮　　编：330006

网　　址：www.jxpph.com

E-mail：chenkuans319@163.com

2015年8月第1版　2015年8月第1次印刷

开　　本：787毫米×1092毫米　1/16

印　　张：10.5

字　　数：85千

ISBN 978-7-210-07605-6

赣版权登字—01—2015—571

版权所有　侵权必究

定　　价：19.80元

承印厂：江西金港彩印有限公司

赣人版图书凡属印刷、装订错误，请随时向承印厂调换